頻出度順

漢字検定問題集 7級

成美堂出版

本書の見方と使い方

1 POINT 頻《ひん》出度（よく出る）順だから勉強しやすい！

本書では、これまでの試験問題18年分（約230回分）を集計し、出題回数に応《おう》じて、A～Cのランクに分けて出題しています。試験によく出る順に学習できるので、短時間で学習できます。

Aランク
これまでにもっとも出題されているもの。

Bランク
これまでの試験でよく出題されているもの。

Cランク
それほど多く出題されていないが、満点をめざすなら学習しておきたいもの。

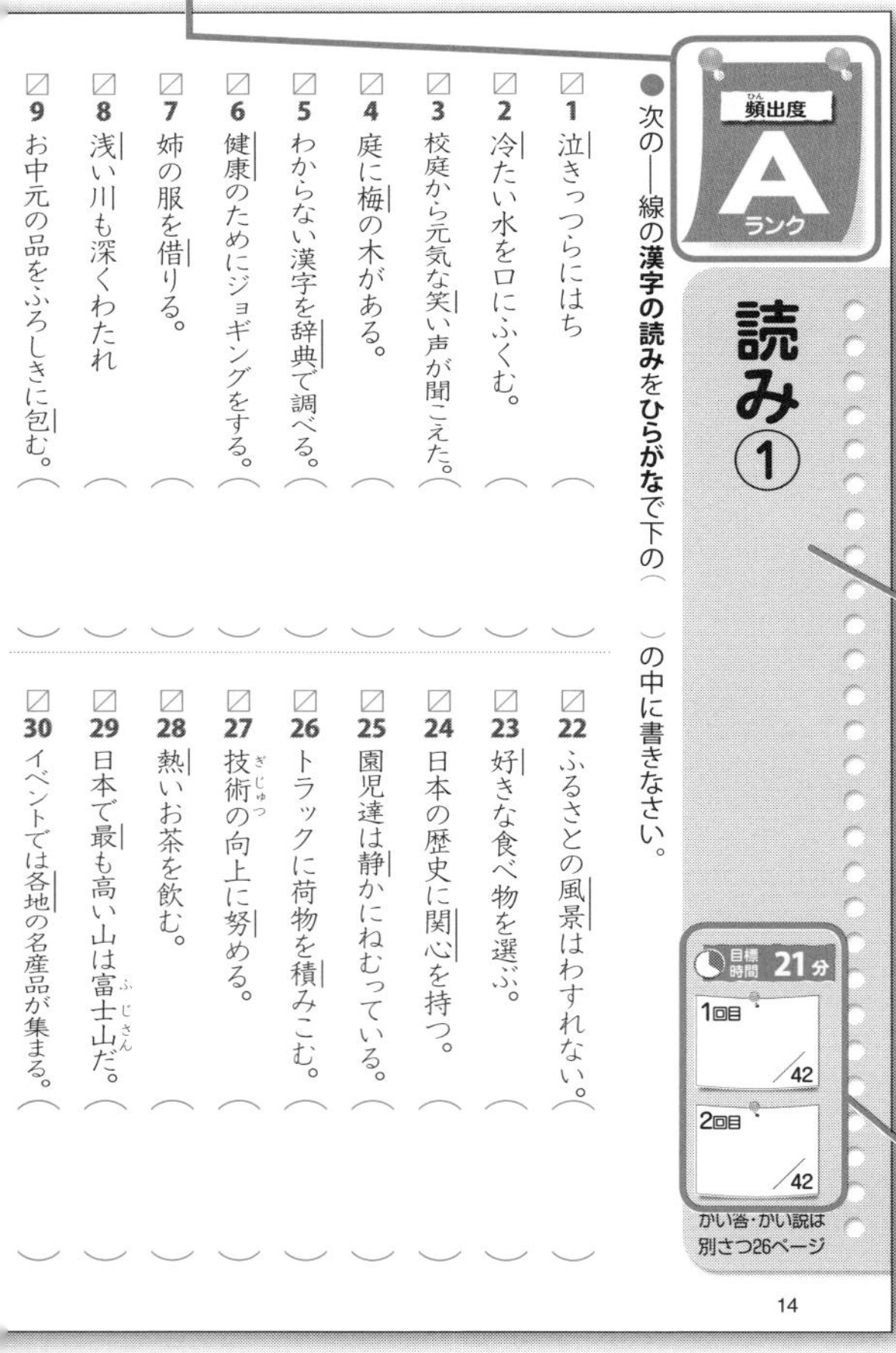
頻出度 Aランク

読み①

● 次の――線の漢字の読みをひらがなで下の（　）の中に書きなさい。

1 泣きっつらにはち（　）
2 冷たい水を口にふくむ。（　）
3 校庭から元気な笑い声が聞こえた。（　）
4 庭に梅の木がある。（　）
5 わからない漢字を辞典で調べる。（　）
6 健康のためにジョギングをする。（　）
7 姉の服を借りる。（　）
8 浅い川も深くわたれ（　）
9 お中元の品をふろしきに包む。（　）

22 ふるさとの風景はわすれない。（　）
23 好きな食べ物を選ぶ。（　）
24 日本の歴史に関心を持つ。（　）
25 園児達は静かにねむっている。（　）
26 トラックに荷物を積みこむ。（　）
27 技術《ぎじゅつ》の向上に努める。（　）
28 熱いお茶を飲む。（　）
29 日本で最も高い山は富士山《ふじさん》だ。（　）
30 イベントでは各地の名産品が集まる。（　）

目標時間 21分
1回目 /42
2回目 /42
かい答・かい説は別さつ26ページ

14

出題分野
漢字検定７級では11の分野に分かれています。

目標時間と自こさい点記入らん
実際の試験時間（60分）からかん算した目標時間です。

4 POINT 別さつ「漢字検定７級合格《ごうかく》ブック」で配当漢字を完全マスター！

「7級配当漢字表」をはじめ、「重要なじゅく字訓・当て字」「よく出る画数の問題」など役立つ資料《しりょう》をコンパクトにまとめました。持ち運びに便《べん》利《り》なので、これだけ持ち歩いて、いつでもどこでも暗記ができます。

POINT 2 「問題」と「かい答らん」がいっしょになった書き込み式！

問題のすぐ下に「かい答らん」があるので、どんどんとくことができます。「かい答・かい説」は別さつにのせてあります。

チェックボックス

まちがえた問題をチェックできるので、くり返し勉強できます。

読み
音訓読み
置きかえ
画数
筆順
対義語
送りがな
同音異字
同訓異字
じゅく語
書き取り
模擬テスト

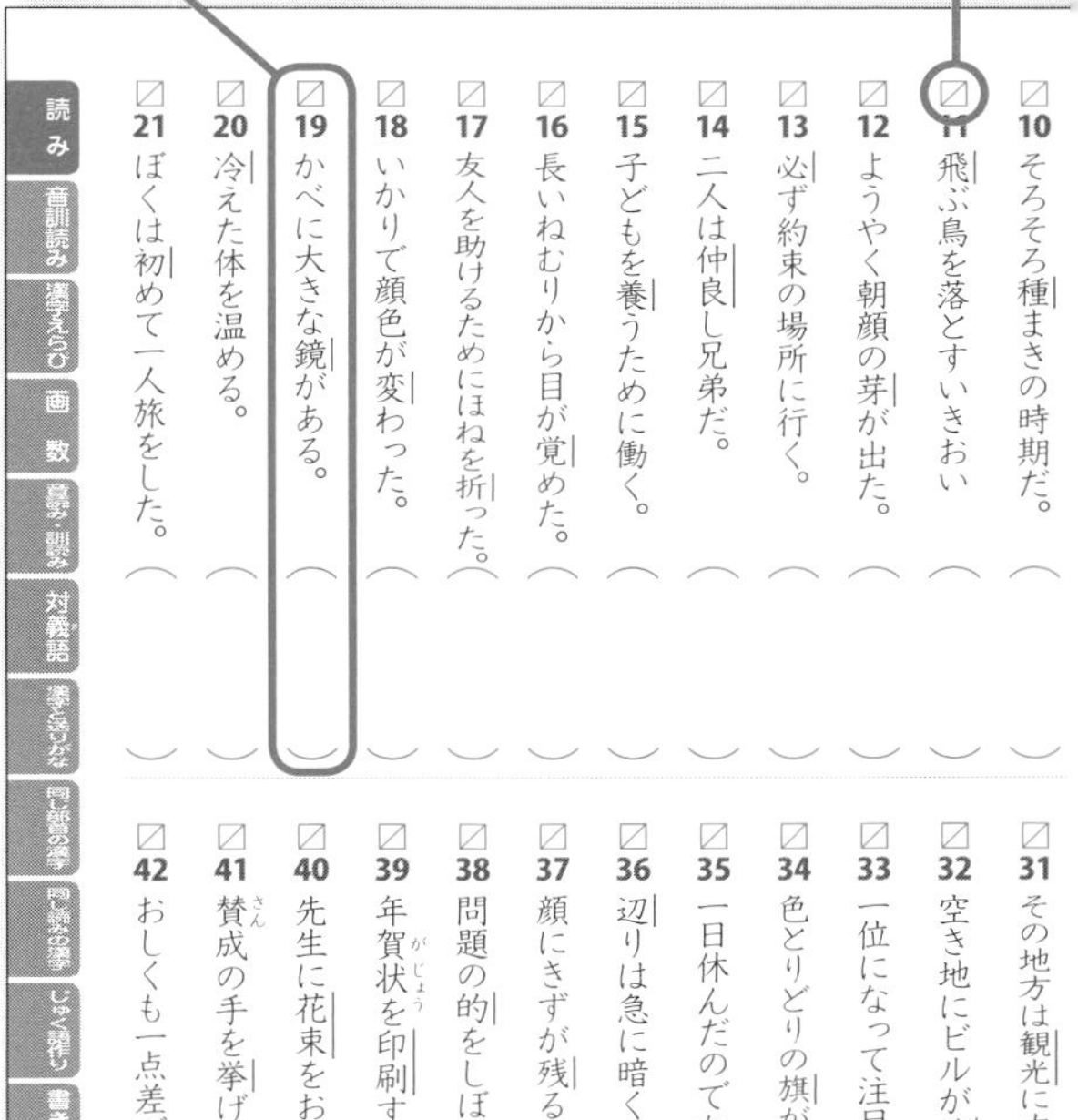

10 そろそろ種まきの時期だ。

11 飛ぶ鳥を落とすいきおい

12 ようやく朝顔の芽が出た。

13 必ず約束の場所に行く。

14 二人は仲良し兄弟だ。

15 子どもを養うために働く。

16 長いねむりから目が覚めた。

17 友人を助けるためにほねを折った。

18 いかりで顔色が変わった。

19 かべに大きな鏡がある。

20 冷えた体を温める。

21 ぼくは初めて一人旅をした。

31 その地方は観光に力を入れている。

32 空き地にビルが建つらしい。

33 一位になって注目を浴びる。

34 色とりどりの旗が風になびく。

35 一日休んだのでかぜが治った。

36 辺りは急に暗くなった。

37 顔にきずが残る。

38 問題の的をしぼって考える。

39 年賀状を印刷する。

40 先生に花束をおくる。

41 賛成の手を挙げる。

42 おしくも一点差で敗れる。

15

ひよこのパラパラマンガ

つかれたときにめくってみてください。

POINT 3 仕上げに使える模擬テスト2回分収録！

本試験とそっくりの形式の模擬テストを2回分用意してあります。実際の試験の60分間でといて、自分で採点してみましょう。

本書の特長

試験にでやすい漢字を分せき

漢字検定《けん》7級では、7級配当漢字の202字をふくめ、**小学校4年生までに習う642字の漢字が出題はんい**になります。

とはいえ、この字がすべて出題されるわけではありません。

下の表を見てください。この表は、漢字検定の過去《かこ》問題18年分(約230回分)の試験で実際に出題された問題を分せきした結果です。**出題はんいが決まっているので、特定の漢字が何度も出題されます。**

たとえば、読みの問題では「泣く」が42回も出題されていますが、「害虫」は1回しか出題されていません。送りがなの問題では「借りる」が42回、「例える」はわずか1回しか出題されていません。

過去問題18年分で出題の多い問題

出題分野	出題例(出題回数)
読み	泣く(42回) 梅(40回) 飛ぶ(37回)
音訓読み	結(35回) 改・浴(32回) 覚・置(29回)
漢字えらび	標(57回) 器(51回) 貨・景(48回)
画数	郡(63回) 械(52回) 察(50回)
音読み・訓読み	松《まつ》(49回) 飯《めし》(48回)
対義《ぎ》語	浅い⇕深い(32回) 先生⇕生徒(32回)
漢字と送りがな	借りる(42回) 働く(41回)
同じ部首の漢字	芸(41回) 英(38回) 害・連など(37回)
同じ読みの漢字	量(42回) 器(41回) 料(38回)
じゅく語作り	放牧・辞典(26回) 念願・選挙(25回)
書き取り	笑う(64回) 残る(58回) 借りる(57回)

頻《ひん》出度順だから効率《こうりつ》的に学習できる

分せき結果からA、B、Cランクに分類

本書では、この結果をもとにして、出題回数が多い順に**Aランク**(最頻出問題)、**Bランク**(必修問題)、**Cランク**(満点問題)の3つのランクに分類して問題をけいさいしています。

A ランク 最頻出問題。過去に**何度もくり返し出題された問題**で、これからも出題されやすい「**試験によく出る問題**」です。覚えておけば得《とく》点源《げん》につながり、短期間での合かくも可能です。

B ランク 必修問題。ひかく的よく出る問題で、覚えておけば確実に合かくすることにつながります。

C ランク 満点問題。出題頻度はそれほど高くありませんが、満点をめざすならば覚えておきたい問題です。

7級配当漢字の中で、出題分野によっては出題されたことのない漢字もあります。本書は頻出度順のため、そのような漢字を覚えなくてもよいようになっています。

漢字検《けん》定7級 受検ガイド

試験は年3回、だれでも受けられる

漢字検《けん》定は、年れい、性《せい》別、国籍《せき》を問わず、だれでも受検できます。

受検方法には、公開会場での個人の受検、準《じゅん》会場での団《だん》体受検、コンピューターを使って試験を受けるCBT受検《けん》があります。

試験に関する問合せ先

公益財団法人
日本漢字能力検定協会
【ホームページ】https://www.kanken.or.jp/
<本部>
京都市東山区祇園町南側551番地

ホームページにある「よくある質問」を読んで該当する質問がみつからなければメールフォームでお問合せください。電話でのお問合せ窓口は0120-509-315（無料）です。

漢字検定の概要（個人受検《けん》の場合）

試験実施《じっし》	**年3回** ①6月中の日曜日 ②10～11月中の日曜日 ③翌年1～2月中の日曜日
試験会場	全国と海外の主要都市
受検《けん》料	3000円（7級）
申込方法	①インターネットもしくは携帯《けいたい》電話から専《せん》用フォームで申し込《こ》みを行い、クレジットカードやコンビニエンスストアで決済《さい》を行う ②指定のコンビニエンスストアに設《せっ》置された端《たん》末機で申し込みを行い、レジにて検定料を支払う
申込期間	検定日の約3か月前から1か月前まで
試験時間	**60分** 開始時間の異なる級をえらべば2つ以上の級を受検することもできる
合かく基準	**200点**満点で正答率**70%**程度（**140**点程度）以上が合かくの目安
合かくの通知	合かく者には合かく証書、合かく証明書、検《けん》定結果通知が、不合かく者には検《けん》定結果通知が郵送される

※本書の情報は制作時点のものです。受検をお考えの方は、ご自身で㈶日本漢字検定能力協会の発表する最新情報をご確認ください。

各級のレベルと出題内容

級	レベル（対象漢字数）	程度	主な出題内容										合格基準	検定時間
4	中学校在学程度（1339字）	常用漢字のうち約1300字を理解し、文章の中で適切に使える。	漢字の読み	漢字の書取	部首・部首名	送り仮名	対義語・類義語	同音・同訓異字	誤字訂正	四字熟語	熟語の構成		200点 満点中 70％ 程度	各60分
5	小学校６年生修了程度（1026字）	小学校６年生までの学習漢字を理解し、文章の中で漢字が果たしている役割に対する知識を身に付け、漢字を文章の中で適切に使える。	漢字の読み	漢字の書取	部首・部首名	筆順・画数	送り仮名	対義語・類義語	同音・同訓異字	誤字訂正	四字熟語	熟語の構成		
6	小学校５年生修了程度（835字）	小学校５年生までの学習漢字を理解し、文章の中で漢字が果たしている役割を知り、正しく使える。	漢字の読み	漢字の書取	部首・部首名	筆順・画数	送り仮名	対義語・類義語	同音・同訓異字	三字熟語	熟語の構成			
7	小学校４年生修了程度（642字）	小学校４年生までの学習漢字を理解し、文章の中で正しく使える。	漢字の読み	漢字の書取	部首・部首名	筆順・画数	送り仮名	対義語	同音異字	三字熟語				
8	小学校３年生修了程度（440字）	小学校３年生までの学習漢字を理解し、文や文章の中で使える。	漢字の読み	漢字の書取	部首・部首名	筆順・画数	送り仮名	対義語	同じ漢字の読み				150点 満点中 80％ 程度	40分

※１、準１、２、準２、３、９、１０級は省略

漢字検定７級の審査基準

程度	小学校４年生までの学習漢字を理解し、文章の中で正しく使える。	
領域・内容	［読むことと書くこと］小学校学年別漢字配当表の４年生までの学習漢字を読み、書くことができる。	●音読みと訓読みとを正しく理解していること。 ●送り仮名に注意して正しく書けること（等しい、短い、流れる　など）。 ●熟語の構成を知っていること。 ●対義語の大体を理解していること（入学―卒業、成功―失敗　など）。 ●同音異字を理解していること（健康、高校、公共、外交　など）。
	［筆　順］筆順、総画数を正しく理解している。	
	［部　首］部首を理解している。	

※本書は出題が予想される形式で構成しています。実際の試験は、漢字能力検定協会の審査基準の変更の有無にかかわらず、出題形式や問題数が変更されることもあります。

2020年度からの試験制度変更について

平成29年改訂の小学校学習指導要領が2020年度から全面実施されたことに伴い、漢字検定でも一部の漢字の配当級が変更になりました。７級では、もともと２～６級の配当漢字だった「茨」「媛」「岡」など25字が７級配当漢字に移動しています。一方、23字が配当漢字から外れています（５級と６級の配当漢字になりました）。本書ではこの試験制度変更を踏まえて、配当級が変更となった漢字の出題予想をした上で、A・B・Cの各ランクに予想問題として掲載しています。

【出題分野別】学習のポイント

読み

配点● 1問1点×20問＝20点（総得《とく》点の10％）

ほとんどの問題に7級配当漢字が使われています。音読み・訓読みの出題は、半々くらいです。

❶7級配当漢字をマスターする

短文中の漢字の読み方を答える問題です。全部で20問あり、そのほとんどすべてに7級配当漢字が使われています。

音読み・訓読みの問題は、半々程《てい》度《ど》の割合《わりあい》で出題されます。

これまでの試験では、次の問題がいちばん多く出題されています。

- 泣く（な）
- 飛ぶ（と）
- 梅（うめ）
- 辞典（じてん）
- 笑う（わら）
- 芽（め）
- 鏡（かがみ）　など

❷じゅく字訓・当て字

7級までに学ぶじゅく字訓・当て字はいくつかありますが（別さつの22ページ）、過去18年分の試験で出題されたのは、次の3つだけですので、覚えておきましょう。

- 手伝う（てつだ）
- 雪景色（ゆきげしき）
- 友達（ともだち）

音訓読み

配点● 1問1点×10問＝10点（総得《とく》点の5％）

ほとんどの問題が7級配当漢字からの出題です。

●同じ漢字の音読みと訓読みが出題

2問1組で、5組の問題が出題されます。2問はそれぞれ同じ漢字の音読みと訓読みを答えるもので、ほとんどが7級配当漢字の読みの問題です。これまでの試験では

- テストの結果（けっか）／ひもを結ぶ（むす）
- 改札口を出る（かいさつぐち）／考えを改める（あらた）

などがよく出題されています。

漢字えらび

配点●1問2点×10問＝20点（総得《とく》点の10％）

解答になる漢字のほとんどに、7級配当漢字が使われています。

❶7級配当漢字が中心

短文中のカタカナにあてはまる漢字を、3つの選択肢《し》から選ぶ問題です。解答になる漢字は、ほとんどが7級配当漢字ですが、その他の選択肢《し》には下級の漢字が2～3割《わり》ふくまれています。これまでの試験では

● **食キをあらう**（**器**・期・季）

● **目ヒョウを立てる**（表・**標**・票）

などがよく出題されています。

❷じゅく語の意味を覚える

問われている1文字だけを見るのではなく、じゅく語として意味を考えて答えを出すようにしましょう。

画数

配点●1問1点×10問＝10点（総得《とく》点の5％）

ほとんどの問題が7級配当漢字からの出題です。

●出題されやすい筆順・総画数がある

7級では、筆順（何画目か）と総画数が問われます。どちらもまぎらわしいものが出題されやすいので、筆順・画数は正しく覚えておきましょう。

これまでの試験では

何画目

● 差（4画目）

● 郡（8画目）

総画数

● 類（18画）

● 験（18画）

などがよく出題されています。

音読み・訓読み

配点●1問2点×10問＝20点（総得《とく》点の10％）

ほとんどの問題が7級配当漢字からの出題です。

●まぎらわしいものに注意を

漢字につけられたふりがなが、音読みか訓読みかを答える問題です。

これまでの試験では

● **松**《まつ》（訓読み）

● **飯**《めし》（訓読み）

● **老**《ろう》（音読み）

● **漁**《りょう》（音読み）

などがよく出題されています。ほかにも、まちがえやすいものはとくにしっかり覚えておきましょう。

音読み…**億**《おく》・**愛**《あい》・**害**《がい》

訓読み…**関**《せき》、**辺**《べ》

対義《ぎ》語

配点●1問2点×5問＝10点（総得《とく》点の5％）
ほぼ7級配当漢字からの出題です。音読みが9割、訓読みが1割程度出題されます。

●音読み・訓読み両方の出題がある

出題された語句と反対の意味の言葉を答えるもので、7級配当漢字を中心に出題されます。

二字じゅく語のうちの1文字を答えるものと、訓読みの漢字の部分を答えるものがありますが、音読みの問題が9割程度と多くなっています。

これまでの試験では

- **先生** ⇕ **生**徒
- **起立** ⇕ **着**席
- **深い** ⇕ 浅い

などがよく出題されています。漢字の読み方だけでなく、言葉の意味もきちんと学習しましょう。

漢字と送りがな

配点●1問2点×7問＝14点（総得《とく》点の7％）
ほとんどの問題が7級配当漢字です。とくに送りがなの長いものはよく出題されます。

●訓読みをおさらいする

短い文章中のカタカナ部分を、与えられた漢字と送りがなになおす問題です。ほとんどが7級配当漢字からの出題で、それらの漢字に正しく送りがなをつけることができなければなりません。

文字数の長いものなどは、どこからが送りがなになるのか覚えにくいので、訓読みをおさらいしておきましょう。これまでの試験では

- 借 **カリル**（借りる）
- 働 **ハタラク**（働く）
- 改 **アラタメル**（改める）

などがよく出題されています。

同じ部首の漢字

配点●1問2点×10問＝20点（総得《とく》点の10％）
ほとんどが7級配当漢字からの出題です。

●7級配当漢字を暗記しよう

熟《じゅく》語の中にある、読みのついた同じ部首をもつ漢字を3～4問答える問題です。

同じ部首の漢字の問題も、ほとんどが7級配当漢字からの出題ですので、しっかり暗記しておきましょう。

これまでの試験では

- 亻（にんべん）⇩
  自信《しん》・仲《なか》間・気候《こう》
- 木（きへん）⇩
  材《ざい》料・表札《さつ》・南極《きょく》・目標《ひょう》

などが出題されています。

同じ読みの漢字

配点●1問2点×8問＝16点（総得《とく》点の8％）
ほとんどの問題が7級配当漢字からの出題です。

❶7級配当漢字の音読みが出題

2問1組で、4組の問題が出題されます。2問はそれぞれ同じ読みのちがう漢字を答えるもので、ほとんどが7級配当漢字の音読みの問題です。これまでの試験では

● 食**キ**をしまう（器）
　 飛行**キ**に乗る（機）

などが出題されています。

❷問題文をしっかり読む

同じ読みの漢字は、うっかり書きまちがってしまうこともよくあります。きちんと文章全体を読んで、意味の合う漢字を答えましょう。

じゅく語作り

配点●1問2点×10問＝20点（総得《とく》点の10％）
問題には7級配当漢字が使われますが、解答には下級の漢字も使われます。

●じゅく語の知識《ちしき》が問われる

示された漢字に、選択肢《し》の中の漢字を組み合わせて、二字のじゅく語を2つずつ作る問題です。

これまでの試験では、次のような問題が出題されています。

● 給　ア 牧　イ 配　ウ 協　エ 食　オ 投

（配給、給食）

この例のように、解答になる漢字には下級の漢字も使われています。1つの漢字について、多くのじゅく語を知っているかどうかを問われる問題ですので、漢字だけではなく、じゅく語の知識が必要になります。

書き取り

配点●1問2点×20問＝40点（総得《とく》点の20％）
ほとんどの問題が7級配当漢字からの出題です。

❶出題は7級配当漢字が中心

書き取りも、7級配当漢字からの出題がほとんどですが、音読みと訓読みの割合は、試験によってまちまちです。得意・不得意をつくらないように、しっかり学習しましょう。

● 大声で**ワラ**う（笑）
● 自**ゼン**を大切にする（然）

などがよく出題されています。

❷漢字を正しく書く

せっかく漢字を覚えていても、らんぼうな字を書いて×にならないようていねいに、正しい文字を書くように心がけましょう。

も・く・じ

[頻《ひん》出度順]問題集 …… 13

Aランク　最頻《ひん》出問題

Bランク　必修《ひっしゅう》問題

本書は、
● [頻《ひん》出度順]問題集(A、B、Cランク)
● 模擬《もぎ》テスト
● [別冊]漢字検定7級合格ブック
で構成されています。

Cランク 満点問題

模擬《もぎ》テスト …… 99

［別冊］漢字検定7級合格ブック

本書は2023年３月現在の情報に基づいています。

「頻《ひん》出度順」問題集

頻出度 A ランク

最頻《ひん》出問題

過去の試験で最も出題されているもの。

頻出度 B ランク

必修《ひっしゅう》問題

過去の試験でよく出題されているもの。

頻出度 C ランク

満点問題

出題頻《ひん》度はそれほど多くないが
満点をめざすなら学習しておきたいもの。

パラパラマンガです。
息ぬきしたいときにめくってね。
手前にむかって歩いてくるよ。

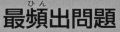

頻《ひん》出度

A

ランク

読み①

目標時間 21分

1回目 ／42

2回目 ／42

かい答・かい説は別さつ26ページ

●次の──線の**漢字の読み**を**ひらがな**で下の（　）の中に書きなさい。

1 泣きっつらにはち（　）

2 冷たい水を口にふくむ。（　）

3 校庭から元気な笑い声が聞こえた。（　）

4 庭に梅の木がある。（　）

5 わからない漢字を辞典で調べる。（　）

6 健康のためにジョギングをする。（　）

7 姉の服を借りる。（　）

8 浅い川も深くわたれ（　）

9 お中元の品をふろしきに包む。（　）

22 ふるさとの風景はわすれない。（　）

23 好きな食べ物を選ぶ。（　）

24 日本の歴史《れきし》に関心を持つ。（　）

25 園児たちは静かにねむっている。（　）

26 トラックに荷物を積みこむ。（　）

27 技術《ぎじゅつ》の向上に努める。（　）

28 熱いお茶を飲む。（　）

29 日本で最も高い山は富士山《ふじさん》だ。（　）

30 イベントでは各地の名産品が集まる。（　）

10 そろそろ種まきの時期だ。

11 飛ぶ鳥を落とすいきおい

12 ようやく朝顔の芽が出た。

13 必ず約束の場所に行く。

14 二人は仲良し兄弟だ。

15 子どもを養うために働く。

16 長いねむりから目が覚めた。

17 友人を助けるためにほねを折った。

18 いかりで顔色が変わった。

19 かべに大きな鏡がある。

20 冷えた体を温める。

21 ぼくは初めて一人旅をした。

31 その地方は観光に力を入れている。

32 空き地にビルが建つらしい。

33 一位になって注目を浴びる。

34 色とりどりの旗が風になびく。

35 一日休んだのでかぜが治った。

36 辺りは急に暗くなった。

37 顔にきずが残る。

38 問題の的をしぼって考える。

39 年賀状《じょう》を印刷する。

40 先生に花束をおくる。

41 賛《さん》成の手を挙げる。

42 おしくも一点差で敗れる。

読み　音訓読み　漢字えらび　画数　音読み・訓読み　対義語　漢字と送りがな　同じ部首の漢字　同じ読みの漢字　じゅく語作り　書き取り　模擬テスト

頻《ひん》出度

A

ランク

読み②

目標時間 21分

1回目 /42

2回目 /42

かい答・かい説は別さつ26〜27ページ

● 次の――線の**漢字の読み**を**ひらがな**で下の（　）の中に書きなさい。

1 合唱コンクールが開かれた。（　）

2 自然を守ることは大切だ。（　）

3 しばらくは晴天が続くそうだ。（　）

4 親友から便りがとどいた。（　）

5 池の周りは林で囲《かこ》まれている。（　）

6 街角で歌う青年がいる。（　）

7 わたし達は平和を求めている。（　）

8 あれこれと試みることは大事だ。（　）

9 家族みんなで合格《かく》を祝う。（　）

22 昔のことは水に流して仲直りしよう。（　）

23 博物館めぐりをするのがしゅみだ。（　）

24 悪い点を改める。（　）

25 商店街で配るチラシを刷った。（　）

26 清流で果物を冷やす。（　）

27 ちりも積もれば山となる（　）

28 会社はますます栄えた。（　）

29 明け方の夢《ゆめ》を覚えている。（　）

30 みんなの健康を願う。（　）

10 のき先にツバメが巣を作った。
11 人はいつの間にか老いるものだ。
12 姉は銀行で働いている。
13 兵士《し》の訓練はきびしい。
14 会場には駅から徒歩五分で行ける。
15 今日は国民の祝日だ。
16 牛が放牧されている。
17 大きな建物が取りこわされた。
18 愛犬の散歩が朝の日課だ。
19 さむらいは刀をこしに差していた。
20 その祭典には多くの人が集まった。
21 正月に親類が集まった。

31 今日中に学校の課題を終わらせよう。
32 今日は日が照って気持ちがいい。
33 むだなエネルギーを省く。
34 かみの毛を後ろで束ねる。
35 ふたごの孫が産まれた。
36 顔が見える位置まで移《い》動する。
37 朝顔の観察日記をつけた。
38 季節の移《うつ》り変わりを楽しむ。
39 息子はくつひもを結ぶことができる。
40 川の上流には天然のわき水がある。
41 昨日は記録的な大雨となった。
42 むずかしい仕事を協力してやりとげた。

頻《ひん》出度

A

ランク

読み③

目標時間 21分

1回目 ／42

2回目 ／42

かい答・かい説は別さつ27ページ

次の——線の漢字の読みをひらがなで下の（　）の中に書きなさい。

☐ 1 寺にお参りする。（　　）

☐ 2 秋になってかれ葉が散っていく。（　　）

☐ 3 十分に焼いたステーキが好きだ。（　　）

☐ 4 着物の帯をしめる。（　　）

☐ 5 子どもを連れて公園に行った。（　　）

☐ 6 あの政《せい》治家は大臣として力不足だ。（　　）

☐ 7 自分の土地にマンションを建てた。（　　）

☐ 8 水は人間が生きていく上で欠かせない。（　　）

☐ 9 月光に照らされる。（　　）

☐ 22 海外旅行でめずらしい体験をした。（　　）

☐ 23 空がだんだんと赤みを帯びる。（　　）

☐ 24 車内にかさを置きわすれる。（　　）

☐ 25 どこかで低い声が聞こえる。（　　）

☐ 26 サラダに少量の塩をふる。（　　）

☐ 27 けがをしないように軍手で作業をする。（　　）

☐ 28 国の記念日に国旗をかかげる。（　　）

☐ 29 週末はのんびりすごす。（　　）

☐ 30 海岸には松の木が植えられていた。（　　）

- ☐ 10 新しい家の完成が待ち遠しい。（　）
- ☐ 11 早朝の漁港は活気がある。（　）
- ☐ 12 朝の散歩は日課になった。（　）
- ☐ 13 魚がたまごを産みつける。（　）
- ☐ 14 子どもの卒業式に出席した。（　）
- ☐ 15 数の単位をまちがって計算した。（　）
- ☐ 16 明日は天候不良のようだ。（　）
- ☐ 17 村に伝わる話を聞く。（　）
- ☐ 18 友達と駅前で別れた。（　）
- ☐ 19 矢印の方向に進む。（　）
- ☐ 20 きれいな夕焼けの写真をとった。（　）
- ☐ 21 テレビ局が街頭インタビューをしている。（　）

- ☐ 31 日々の努力にまさるものはない。（　）
- ☐ 32 選挙の投票に行く。（　）
- ☐ 33 灯台もと暗し（　）
- ☐ 34 夢《ゆめ》はサッカー選手になることだ。（　）
- ☐ 35 地元の特産品がしょうかいされる。（　）
- ☐ 36 念には念を入れよ（　）
- ☐ 37 オオカミの群れが鹿をおそう。（　）
- ☐ 38 勇ましいかけ声が聞こえる。（　）
- ☐ 39 お城の天守かくに登った。（　）
- ☐ 40 変化に富んだ山道を歩く。（　）
- ☐ 41 冬物の衣類をタンスにしまう。（　）
- ☐ 42 弟の悪いくせは改まらない。（　）

頻出度《ひん》

A ランク

音訓読み ①

●次の各組の――線の**漢字の読み**を**ひらがな**で（　）の中に書きなさい。

1 テストの結果はよかった。（　）
2 赤いリボンを結ぶ。（　）

3 改札口で友人を待つ。（　）
4 その行いを改めなさい。（　）

5 浴室のタイルをあらい流す。（　）
6 シャワーを浴びる。（　）

7 寒さで手の感覚がなくなる。（　）
8 サッカーのルールを覚える。（　）

19 約束の時間はとうにすぎた。（　）
20 バラの花を十本ずつ束ねる。（　）

21 安全な場所に包丁をしまう。（　）
22 プレゼントを和紙で包む。（　）

23 一輪車の練習をする。（　）
24 泳げないのでうき輪につかまった。（　）

25 パーティーを欠席した。（　）
26 しだいに月が欠ける。（　）

目標時間 18分

1回目 ／36

2回目 ／36

かい答・かい説は別さつ28ページ

9 駅前に自転車を放置しない。（　　）
10 コップをテーブルの上に置く。（　　）
11 パソコンで写真を加工する。（　　）
12 こう茶にミルクを加える。（　　）
13 父は祝日なのに出社した。（　　）
14 祖《そ》父母の健康を祝う。（　　）
15 会場は満員になった。（　　）
16 しおが満ちてきた。（　　）
17 連休は家族旅行をする。（　　）
18 山々が遠くに連なる。（　　）

27 水そうには熱帯魚が泳いでいた。（　　）
28 熱いお茶を飲んで温まる。（　　）
29 ハンバーグが大の好物だ。（　　）
30 クラシック音楽を好む。（　　）
31 試験に落ちたのは残念だ。（　　）
32 おにぎりが二つ残った。（　　）
33 便利な調理器具がある。（　　）
34 旅先からの便りがとどく。（　　）
35 病人は安静にしていることだ。（　　）
36 教室で静かに本を読む。（　　）

頻《ひん》出度

A

ランク

音訓読み②

● 次の各組の——線の**漢字の読み**を**ひらがな**で（　）の中に書きなさい。

1 ポスターを印刷する。

2 地図に目的地の印をつけた。

3 野菜の中でトマトは苦手だ。

4 菜の花が一面にさいている。

5 社会は変化を続けている。

6 世の中が変わりはじめた。

7 必要なことはメモに残す。

8 必ず言いつけは守る。

19 努力は必ずむくわれる。

20 問題解《かい》決に努めた。

21 願書のしめ切りは明日だ。

22 景気の回復《ふく》を願う。

23 列の一番最後にならんだ。

24 東京の人口は都道府県の中で最も多い。

25 次の選挙に出ようと思う。

26 重量挙げの選手になりたい。

目標時間 18分

1回目 ／36

2回目 ／36

かい答・かい説は別さつ28ページ

9 塩分をひかえ目にする。（　　）

10 あゆの塩焼きを注文した。（　　）

11 板をボルトでしっかり固定する。（　　）

12 きん張《ちょう》のあまり体が固まる。（　　）

13 初歩的な問題をまちがえた。（　　）

14 初めて海外旅行をする。（　　）

15 清流で子どもたちが遊ぶ。（　　）

16 清らかな谷川の流れにいやされる。（　　）

17 けがをして包帯をまいている。（　　）

18 着物の帯をしめる。（　　）

27 山小屋の照明はろうそくだ。（　　）

28 サーチライトが夜空を照らした。（　　）

29 それぞれの希望を聞く。（　　）

30 わたしの望みは犬とくらすことだ。（　　）

31 コンテストには参加しない。（　　）

32 七五三のお参りをすます。（　　）

33 次の角を左折する。（　　）

34 妹と折り紙で遊ぶ。（　　）

35 週末に旅行に行く。（　　）

36 友達は三兄弟の末っ子だ。（　　）

頻出度《ひん》 A ランク

漢字えらび①

目標時間 14分

1回目 ／28

2回目 ／28

かい答・かい説は別さつ29ページ

● 次の――線のカタカナに合う漢字をえらんで（　）の中に記号で書きなさい。

1 休日に百カ店で買い物をする。（ア化　イ貨　ウ家）（　）

2 今年の目ヒョウを立てた。（ア標　イ票　ウ表）（　）

3 公園の風ケイをスケッチする。（ア径　イ景　ウ係）（　）

4 合ショウコンクールに出場する。（ア唱　イ章　ウ商）（　）

5 食後に食キをあらった。（ア器　イ機　ウ季）（　）

6 家のフ近は大雨で水があふれた。（ア府　イ夫　ウ付）（　）

15 父には休ヨウが必要だ。（ア要　イ洋　ウ養）（　）

16 新しい家がカン成した。（ア完　イ関　ウ官）（　）

17 自シンに満ちた顔をしている。（ア真　イ信　ウ臣）（　）

18 公キョウの放送局を見学する。（ア協　イ競　ウ共）（　）

19 パーティーのシ会をたのまれた。（ア司　イ氏　ウ試）（　）

20 パンフレットを印サツした。（ア札　イ刷　ウ察）（　）

7 **サン**考書を三さつ買った。（ア産　イ参　ウ三）

8 朝夕の散歩が日**カ**だ。（ア課　イ果　ウ貨）

9 古い水道**カン**を取りかえる。（ア管　イ完　ウ官）

10 地球の直**ケイ**を本で調べる。（ア形　イ径　ウ軽）

11 妹のしゅみは**リョウ**理だ。（ア量　イ料　ウ良）

12 **イ**類の整理をする。（ア衣　イ以　ウ委）

13 しょう害物**キョウ**走に出場する。（ア協　イ共　ウ競）

14 音楽**タイ**のパレードが始まった。（ア帯　イ待　ウ隊）

21 隊長の号**レイ**で行進が始まった。（ア令　イ例　ウ礼）

22 せっかくの**キ**会を見のがすな。（ア希　イ機　ウ岐）

23 友人に対して**リョウ**心がとがめた。（ア両　イ良　ウ料）

24 **ソウ**庫に荷物を運びこむ。（ア争　イ送　ウ倉）

25 改**サツ**口で待ち合わせた。（ア札　イ刷　ウ察）

26 今年は特に天**コウ**が不順なようだ。（ア功　イ向　ウ候）

27 少しも反**セイ**の色が見えない。（ア成　イ清　ウ省）

28 熱**タイ**魚を飼《か》うのはむずかしい。（ア隊　イ帯　ウ対）

頻出度《ひん》 A ランク

漢字えらび②

目標時間 14分

1回目 /28

2回目 /28

かい答・かい説は別さつ29ページ

● 次の――線のカタカナに合う漢字をえらんで（　）の中に記号で書きなさい。

□ 1 カバンはかなりの重**リョウ**だ。（ア料　イ量　ウ両）（　）

□ 2 **エイ**語の学習時間がふえた。（ア英　イ泳　ウ栄）（　）

□ 3 近くの**ジ**童公園で遊ぶ。（ア児　イ辞　ウ治）（　）

□ 4 ここには**イ**前、学校があった。（ア意　イ衣　ウ以）（　）

□ 5 内閣《かく》の支持率《しりつ》が**テイ**下した。（ア定　イ底　ウ低）（　）

□ 6 試験**カン**が入室しテスト用紙を配った。（ア官　イ完　ウ管）（　）

□ 15 頭から**レイ**水を浴びる。（ア例　イ冷　ウ令）（　）

□ 16 今週は**キュウ**食当番だ。（ア急　イ求　ウ給）（　）

□ 17 落石のためトンネルは**フ**通だ。（ア不　イ府　ウ夫）（　）

□ 18 駅の**カイ**札口までむかえに行く。（ア開　イ械　ウ改）（　）

□ 19 国民の**ケン**康への意識《しき》は高い。（ア建　イ健　ウ験）（　）

□ 20 話の**ヨウ**点をまとめる。（ア様　イ要　ウ養）（　）

□ 7 夢《ゆめ》と**キ**望を持ちつづけたい。（ア 起　イ 季　ウ 希）（　　）

□ 8 くだものが**コウ**物だ。（ア 候　イ 功　ウ 好）（　　）

□ 9 **ショウ**明器具を取り付ける。（ア 商　イ 唱　ウ 照）（　　）

□ 10 人生で成**コウ**をおさめる。（ア 好　イ 候　ウ 功）（　　）

□ 11 料理は**キ**節ごとに変わる。（ア 希　イ 起　ウ 季）（　　）

□ 12 きみのためなら**キョウ**力しよう。（ア 協　イ 競　ウ 共）（　　）

□ 13 野**サイ**たっぷりのシチューを作る。（ア 祭　イ 菜　ウ 最）（　　）

□ 14 四十七の都道**フ**県に知事がいる。（ア 夫　イ 府　ウ 付）（　　）

□ 21 鉄道に**カン**心がある。（ア 官　イ 関　ウ 観）（　　）

□ 22 次の日曜は投**ヒョウ**日だ。（ア 標　イ 表　ウ 票）（　　）

□ 23 病気で安**セイ**にしていた。（ア 清　イ 静　ウ 省）（　　）

□ 24 海**テイ**火山がふん火した。（ア 定　イ 底　ウ 低）（　　）

□ 25 手紙の**セイ**書をした。（ア 省　イ 清　ウ 整）（　　）

□ 26 **ホウ**丁で魚をさばいた。（ア 放　イ 法　ウ 包）（　　）

□ 27 学校はここよりも南に**イ**置する。（ア 意　イ 位　ウ 以）（　　）

□ 28 植物の生育状態《じょうたい》を**カン**察する。（ア 関　イ 観　ウ 寒）（　　）

頻《ひん》出度 A ランク

画数①

目標時間 35分

1回目 /70

2回目 /70

かい答・かい説は別さつ29～30ページ

●次の1～56の漢字の**太い画**のところは**筆順の何画目**か、57～70の漢字の**総**《そう》**画数は何画**か、**算用数字**（1、2、3…）で下の□の中に書きなさい。

〈例〉正 2

〈例〉右 5

何画目

1 差 □

2 郡 □

3 兆 □

4 案 □

5 単 □

6 隊 □

15 陸 □

16 康 □

17 成 □

18 察 □

19 億 □

20 果 □

29 要 □

30 愛 □

31 臣 □

32 械 □

33 試 □

34 旗 □

43 建 □

44 昨 □

45 産 □

46 然 □

47 低 □

48 巣 □

総画数

57 郡 □

58 験 □

59 類 □

60 議 □

61 察 □

62 録 □

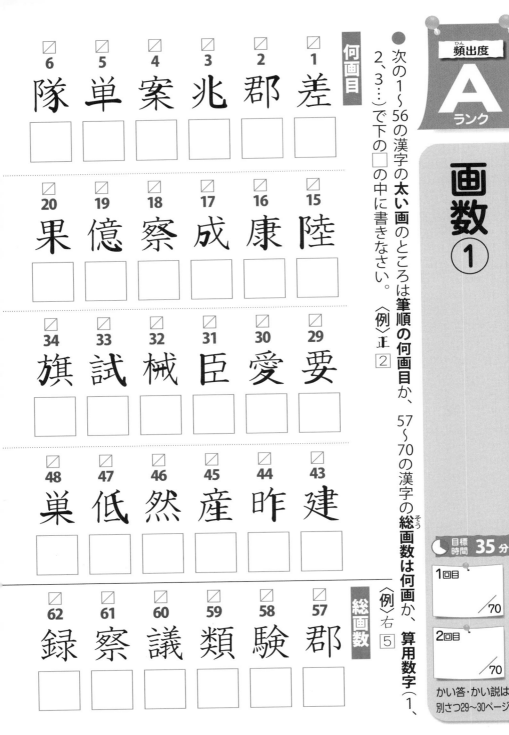

7 努
8 老
9 害
10 械
11 無
12 博
13 軍
14 牧

21 挙
22 初
23 浅
24 倉
25 争
26 働
27 械
28 典

35 察
36 孫
37 録
38 以
39 梅
40 別
41 果
42 議

49 希
50 要
51 残
52 氏
53 焼
54 帯
55 城
56 群

63 愛
64 億
65 競
66 博
67 願
68 置
69 機
70 陸

頻《ひん》出度

A ランク

画数②

●次の1〜56の漢字の**太い画**のところは**筆順の何画目**か、57〜70の漢字の**総**《そう》**画数は何画**か、**算用数字**（1、2、3…）で下の□の中に書きなさい。

〈例〉正 2　〈例〉右 5

何画目

1 量
2 祝
3 勇
4 臣
5 兆
6 建

15 清
16 巣
17 望
18 類
19 協
20 印

29 芽
30 辞
31 衣
32 陸
33 貨
34 健

43 刷
44 希
45 漁
46 種
47 戦
48 機

総画数

57 孫
58 観
59 漁
60 健
61 達
62 建

目標時間 35分

1回目 /70

2回目 /70

かい答・かい説は別さつ30ページ

7 臣	8 課	9 案	10 別	11 節	12 法	13 望	14 労
21 席	22 械	23 郡	24 飛	25 民	26 隊	27 徒	28 養
35 成	36 例	37 節	38 最	39 約	40 戦	41 牧	42 徒
49 輪	50 管	51 観	52 隊	53 灯	54 城	55 徳	56 群
63 副	64 輪	65 養	66 隊	67 連	68 器	69 望	70 働

頻《ひん》出度

A ランク

画数③

目標時間 35分

1回目 ／70

2回目 ／70

かい答・かい説は別さつ31ページ

● 次の1～56の漢字の**太い画**のところは**筆順の何画目**か、57～70の漢字の**総《そう》画数は何画**か、**算用数字**（1、2、3…）で下の□の中に書きなさい。

〈例〉正 2　〈例〉右 5

何画目

- 1 飯
- 2 無
- 3 愛
- 4 典
- 5 飯
- 6 兆

- 15 初
- 16 臣
- 17 良
- 18 官
- 19 旗
- 20 省

- 29 案
- 30 貨
- 31 建
- 32 案
- 33 初
- 34 浅

- 43 議
- 44 席
- 45 戦
- 46 然
- 47 変
- 48 浴

総画数

- 57 械
- 58 選
- 59 飯
- 60 兵
- 61 標
- 62 飛

読み
音訓読み
漢字えらび
画数
音読み・訓読み
対義語
漢字と送りがな
同じ部首の漢字
同じ読みの漢字
じゅく語作り
書き取り
模擬テスト

7 府	8 芽	9 昨	10 旗	11 焼	12 梅	13 熱	14 飯
21 席	22 置	23 博	24 博	25 結	26 孫	27 単	28 観
35 典	36 陸	37 察	38 孫	39 群	40 底	41 働	42 辺
49 旗	50 関	51 挙	52 軍	53 郡	54 帯	55 群	56 徳
63 課	64 種	65 鏡	66 候	67 司	68 辞	69 案	70 給

頻《ひん》出度

A ランク

音読み・訓読み①

目標時間 24分

1回目 ／48

2回目 ／48

かい答・かい説は別さつ31ページ

● 次の漢字の読みは**音読み**（**ア**）ですか、**訓読み**（**イ**）ですか。**記号**を下の□の中に書きなさい。

〈例〉 力《ちから》 イ

1 松《まつ》 □

2 飯《めし》 □

3 倉《くら》 □

4 孫《まご》 □

5 街《まち》 □

13 的《まと》 □

14 輪《わ》 □

15 印《しるし》 □

16 札《ふだ》 □

17 夫《おっと》 □

25 管《くだ》 □

26 節《ふし》 □

27 関《せき》 □

28 菜《な》 □

29 束《たば》 □

37 位《くらい》 □

38 億《おく》 □

39 郡《ぐん》 □

40 臣《しん》 □

41 栄《えい》 □

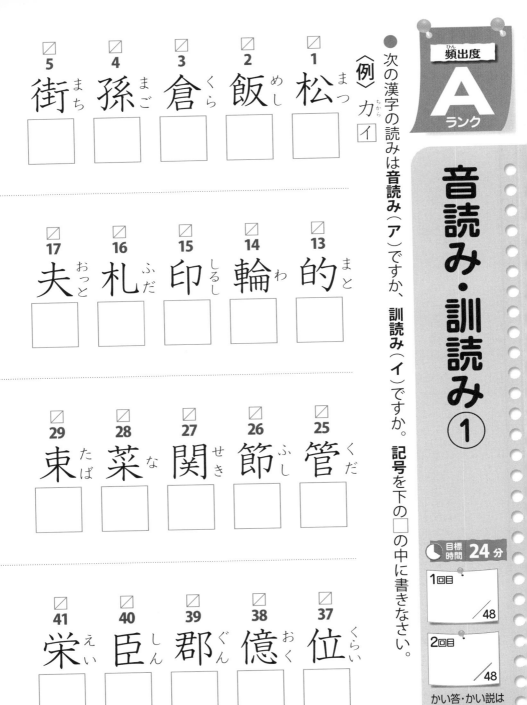

6 塩《しお》
7 芽《め》
8 巣《す》
9 旗《はた》
10 漁《ぎょ》
11 共《とも》
12 種《たね》

18 末《すえ》
19 仲《なか》
20 帯《おび》
21 側《がわ》
22 鏡《かがみ》
23 卒《そつ》
24 的《てき》

30 底《そこ》
31 梅《うめ》
32 老《ろう》
33 初《はつ》
34 勇《ゆう》
35 兆《ちょう》
36 兵《へい》

42 愛《あい》
43 軍《ぐん》
44 害《がい》
45 治《じ》
46 府《ふ》
47 折《おり》
48 牧《ぼく》

頻《ひん》出度

A ランク

対義《ぎ》語①

目標時間 11分

1回目 ／22

2回目 ／22

かい答・かい説は別さつ32ページ

かい答・かい説は別さつ32ページ

● 1～4について、後の□の中のひらがなを漢字になおして、意味が反対や対《つい》になることば（対義《ぎ》語）を書きなさい。□の中のひらがなは**一度だけ**使い、下の（　）の中に**漢字一字**を書きなさい。〈例〉屋内―屋□（外）

1

□ 泣く―［1］う（　）

□ 海路―［2］路（　）

□ 起立―着［3］（　）

□ 平和―戦［4］（　）

□ 中心―［5］辺（　）

しゅう・せき・そう・りく・わら

2

□ 高い―［6］い（　）

□ 平行―交［7］（　）

□ 先生―生［8］（　）

□ 成功―失［9］（　）

□ 決定―［10］定（　）

さ・と・ぱい・ひく・み

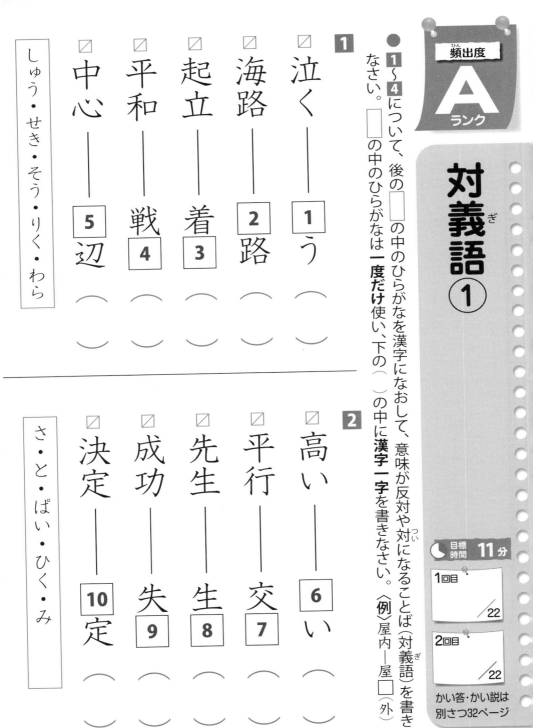

3

☐ 人工 ― 天 11

☐ 平等 ― 12 別

☐ 海洋 ― 大 13

☐ 病気 ― 14 康

☐ 勝利 ― 15 北

☐ 有名 ― 16 名

けん・さ・ねん・はい・む
りく

4

☐ 全勝 ― 全 17

☐ 主食 ― 18 食

☐ 最後 ― 最 19

☐ 来年 ― 20 年

☐ 期待 ― 失 21

☐ 有害 ― 22 害

さく・しょ・ぱい・ふく
ぼう・む

頻《ひん》出度
A
ランク

対義語《ぎ》②

目標時間 11分

1回目 /22

2回目 /22

かい答・かい説は別さつ32ページ

● 1～4について、後の□の中のひらがなを漢字になおして、意味が反対や対《つい》になることば（対義語《ぎ》）を書きなさい。□の中のひらがなは**一度だけ**使い、下の（　）の中に**漢字一字**を書きなさい。〈**例**〉屋内―屋□（外）

1

□ 病気―健 1 （　）

□ 有料― 2 料（　）

□ 深い― 3 い（　）

□ 明日― 4 日（　）

□ 中止― 5 行（　）

あさ・こう・さく・ぞっ・む

2

□ 人工―自 6 （　）

□ 集まる― 7 る（　）

□ 欠ける― 8 ちる（　）

□ 出席― 9 席（　）

□ 最高―最 10 （　）

けっ・ぜん・ち・てい・み

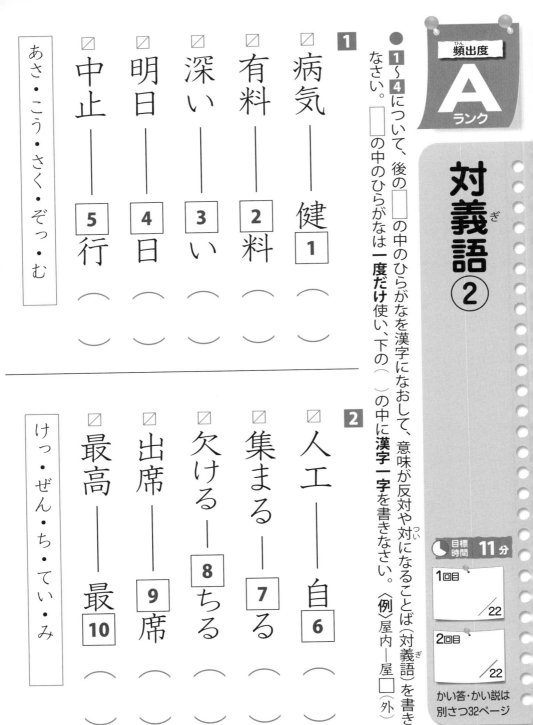

3

☐ 中心―周 11 （　）

☐ 平和―12 争 （　）

☐ 期待―13 望 （　）

☐ 笑う―14 く （　）

☐ 入学―15 業 （　）

☐ 不便―便 16 （　）

しつ・せん・そつ・な
へん・り

4

☐ 最悪―最 17 （　）

☐ 向上―18 下 （　）

☐ 年始―年 19 （　）

☐ 不要―20 要 （　）

☐ 熱い―21 たい （　）

☐ 失敗―成 22 （　）

こう・つめ・てい・ひつ
まつ・りょう

頻《ひん》出度

A

ランク

漢字と送りがな①

目標時間 15分

1回目 /30

2回目 /30

かい答・かい説は別さつ32〜33ページ

● 次の――線のカタカナを○の中の漢字と送りがな（ひらがな）で下の（　）の中に書きなさい。

〈例〉 (美) ウックシイ花だ。（美しい）

☐ 1 (祝) 仲間のたん生日をイワウ。（　　）

☐ 2 (静) シズカナ夜に出かける。（　　）

☐ 3 (借) 友達に辞書をカリル。（　　）

☐ 4 (働) 兄は農場でハタラク。（　　）

☐ 5 (包) 和紙できれいにツツム。（　　）

☐ 6 (浴) 太陽の光をいっぱいアビル。（　　）

☐ 16 (建) 家をタテルことに決めた。（　　）

☐ 17 (争) 人とアラソウのはさけたい。（　　）

☐ 18 (努) 作品の完成にツトメル。（　　）

☐ 19 (覚) 真夜中に目がサメル。（　　）

☐ 20 (欠) 主力選手が一人カケル。（　　）

☐ 21 (伝) メッセージをツタエル。（　　）

7 冷 夏は**ツメタイ**飲み物が多い。（　　）

8 改 悪い行いを**アラタメル**。（　　）

9 必 毎日**カナラズ**一万歩は歩く。（　　）

10 失 信用を**ウシナウ**。（　　）

11 求 友人に助けを**モトメル**。（　　）

12 焼 そろそろおいもが**ヤケル**。（　　）

13 養 家族を**ヤシナウ**。（　　）

14 覚 むずかしい言葉を**オボエル**。（　　）

15 戦 決勝で上級生と**タタカウ**。（　　）

22 栄 地方の文化が**サカエル**。（　　）

23 試 多くの実験を**ココロミル**。（　　）

24 唱 おまじないを三回**トナエル**。（　　）

25 照 月が夜道を**テラス**。（　　）

26 浅 きずは**アサイ**から心配ない。（　　）

27 加 スープに塩を**クワエル**。（　　）

28 治 虫歯のいたみが**オサマル**。（　　）

29 折 スキーをして足のほねが**オレル**。（　　）

30 選 この夏の水着を**エラブ**。（　　）

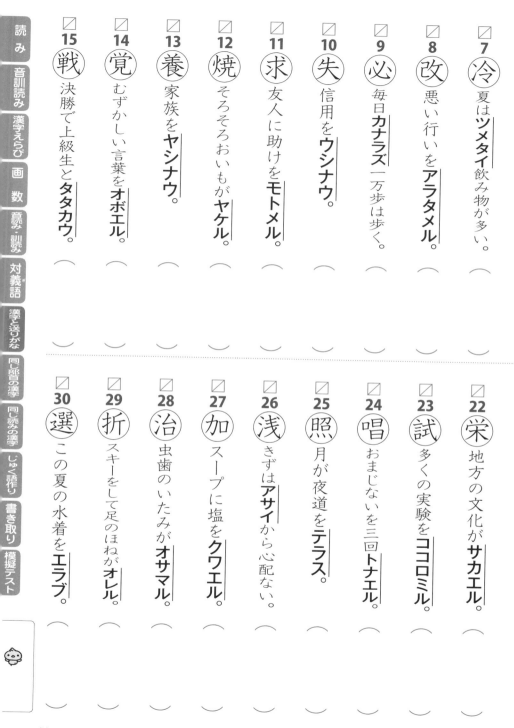

同じ部首の漢字①

目標時間 16分

1回目 /32

2回目 /32

かい答・かい説は別さつ33ページ

● 次の**部首のなかまの漢字**で□にあてはまる**漢字一字**を□の中に書きなさい。

〈例〉艹（くさかんむり）　草《くさ》木・薬《くすり》屋

ア 艹（くさかんむり）

手 1 □《げい》・2 □《えい》語・発 3 □《が》

イ 辶（しんにょう・しんにゅう）

4 □《れん》休・上 5 □《たつ》・海 6 □《べ》

ウ 彳（ぎょうにんべん）

直 7 □《けい》・生 8 □《と》・道 9 □《とく》

エ 刂（りっとう）

10 □《ふく》食・便 11 □《り》・印 12 □《さつ》

オ 木（きへん）

13 南□《きょく》・14 □《ざい》料・表 15 □《さつ》

16 目□《ひょう》

カ 糸（いとへん）

17 予□《やく》・18 □《きゅう》食・19 □《けっ》果

キ 言（ごんべん）

20 会□《ぎ》・21 □《か》題・22 □《せつ》明

ク 氵（さんずい）

23 □《ぎょ》業・24 □《せい》流・入 25 □《よく》

26 □《まん》足

ケ ⺮（たけかんむり）

27 血□《かん》・季 28 □《せつ》・29 □《わら》い声

コ 宀（うかんむり）

30 観□《さつ》・民 31 □《しゅく》・32 □《きゃく》間《ま》

頻《ひん》出度

A

ランク

同じ部首の漢字②

目標時間 16分

1回目 ／32

2回目 ／32

かい答・かい説は別さつ33ページ

● 次の**部首のなかまの漢字**で□にあてはまる**漢字一字**を□の中に書きなさい。

〈例〉艹（くさかんむり）　草《くさ》木・薬《くすり》屋

ア 灬（れんが・れっか）

自1□《ぜん》・2□《む》理・3□《ねっ》心

イ 广（まだれ）

健4□《こう》・海5□《てい》・6□《ふ》県名

ウ 宀（うかんむり）

7□《がい》虫・8□《かん》全・外交9□《かん》

エ 辶（しんにょう・しんにゅう）

10□《せん》手・高11□《そく》・12□《つい》求

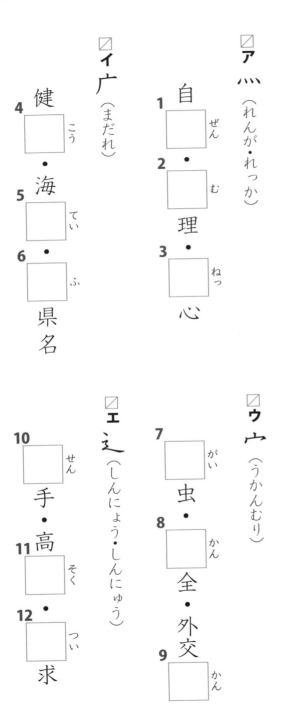

オ 木（きへん）

13 □《まつ》林・14 □《き》会

15 機□《かい》・16 □《うめ》酒

カ 攵（のぶん・ぼくづくり）

17 勝□《はい》・18 □《さん》歩・19 □《かい》良

キ 艹（くさかんむり）

20 野□《さい》・21 □《く》労・22 □《に》物

ク イ（にんべん）

23 自□《しん》・24 □《なか》間

25 気□《こう》・26 一□《おく》円

ケ 力（ちから）

27 苦□《ろう》・28 □《ゆう》気・29 □《ど》力

コ 口（くち）

30 □《し》会・31 食□《き》・32 □《しゅう》辺

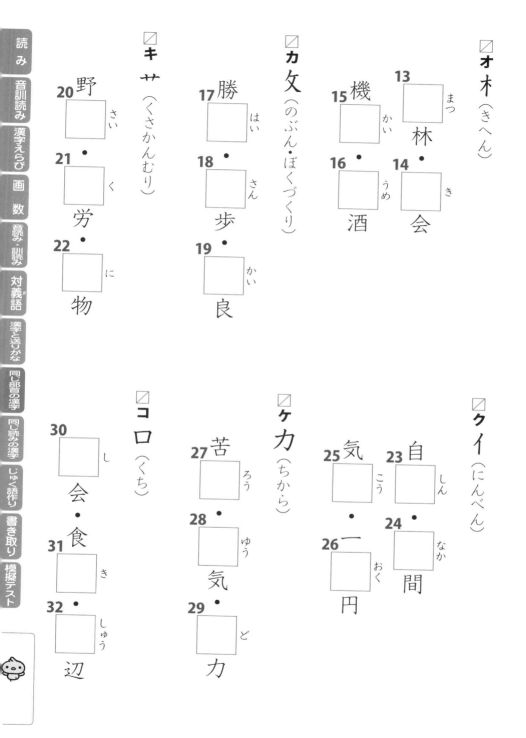

頻《ひん》出度

A ランク

同じ読みの漢字①

目標時間 18分

1回目 /36

2回目 /36

かい答・かい説は別さつ34ページ

● 次の――線のカタカナを漢字になおして下の（　）の中に書きなさい。

1 テーブルのイ置を変えた。（　）

2 夏は白いイ服の人が目立つ。（　）

3 予想イ上の成果を上げる。（　）

4 近所のイ院で薬をもらう。（　）

5 図書イ員に選出される。（　）

6 校歌を合ショウする。（　）

7 室内のショウ明を落とす。（　）

8 ショウ化のよい物を食べる。（　）

19 テレビの音リョウを下げる。（　）

20 リョウ理教室に通う。（　）

21 このロボットは改リョウされている。（　）

22 リョウ親はとても仲がよい。（　）

23 大リョウを祝って喜《よろこ》びあう。（　）

24 望遠キョウで夜空をながめる。（　）

25 兄とはキョウ通のしゅみを持っている。（　）

26 弟とかけっこでキョウ走した。（　）

9 食べたら食**キ**をかたづけなさい。（　　）

10 絶《ぜっ》好の**キ**会をのがした。（　　）

11 短**キ**間のうちに身長がのびた。（　　）

12 喜《よろこ》びと**キ**望でむねがいっぱいだ。（　　）

13 各国の国**キ**を覚える。（　　）

14 四**キ**折々のながめを楽しむ。（　　）

15 **キ**立してお客様をむかえる。（　　）

16 市民マラソンに**サン**加する。（　　）

17 各地の名**サン**品が集まった。（　　）

18 毎日犬と**サン**歩をしている。（　　）

27 家族で**カン**光旅行に行った。（　　）

28 世界一高いビルが**カン**成した。（　　）

29 試験**カン**に液体を入れる。（　　）

30 事件《けん》への**カン**心はうすれた。（　　）

31 試験**カン**が用紙を配る。（　　）

32 この**カン**動をあなたに伝えたい。（　　）

33 天**コウ**は良好のようだ。（　　）

34 あまいものが**コウ**物だ。（　　）

35 ちゅう返りは成**コウ**するだろう。（　　）

36 健**コウ**のためには運動が欠かせない。（　　）

頻出度《ひん》 A ランク

じゅく語作り①

目標時間 16分

1回目 /32

2回目 /32

かい答・かい説は別さつ34ページ

● 上の漢字と下の□の中の漢字を組み合わせて**二字のじゅく語を二つ作り**、（　）の中に答えを**記号**で書きなさい。

〈例〉 習　ア勉　イ字　ウ決　エ自　オ時
1 習 / 習 2　（エ）（イ）

□ 一 給　ア買　イ重　ウ走　エ配　オ食
1 給 / 給 2　1（　）2（　）

□ 二 灯　ア役　イ消　ウ台　エ家　オ向
3 灯 / 灯 4　3（　）4（　）

□ 三 民　ア話　イ使　ウ送　エ知　オ住
5 民 / 民 6　5（　）6（　）

□ 九 辞　ア声　イ祝　ウ典　エ横　オ起
17 辞 / 辞 18　17（　）18（　）

□ 十 録　ア付　イ反　ウ画　エ面　オ書
19 録 / 録 20　19（　）20（　）

□ 十一 達　ア体　イ絵　ウ速　エ成　オ形
21 達 / 達 22　21（　）22（　）

□四 要

ア必　イ由　ウ時　エ星　オ点

7 要
要 8

7（　　）
8（　　）

□五 信

ア横　イ記　ウ用　エ画　オ自

9 信
信 10

9（　　）
10（　　）

□六 変

ア強　イ北　ウ切　エ身　オ急

11 変
変 12

11（　　）
12（　　）

□七 漁

ア組　イ大　ウ通　エ業　オ井

13 漁
漁 14

13（　　）
14（　　）

□八 牧

ア置　イ兵　ウ岩　エ放　オ場

15 牧
牧 16

15（　　）
16（　　）

□十二 願

ア飛　イ書　ウ部　エ住　オ悲

23 願
願 24

23（　　）
24（　　）

□十三 衣

ア兵　イ科　ウ白　エ位　オ類

25 衣
衣 26

25（　　）
26（　　）

□十四 議

ア急　イ別　ウ要　エ協　オ題

27 議
議 28

27（　　）
28（　　）

□十五 順

ア不　イ送　ウ医　エ望　オ番

29 順
順 30

29（　　）
30（　　）

□十六 的

ア申　イ置　ウ中　エ目　オ栄

31 的
的 32

31（　　）
32（　　）

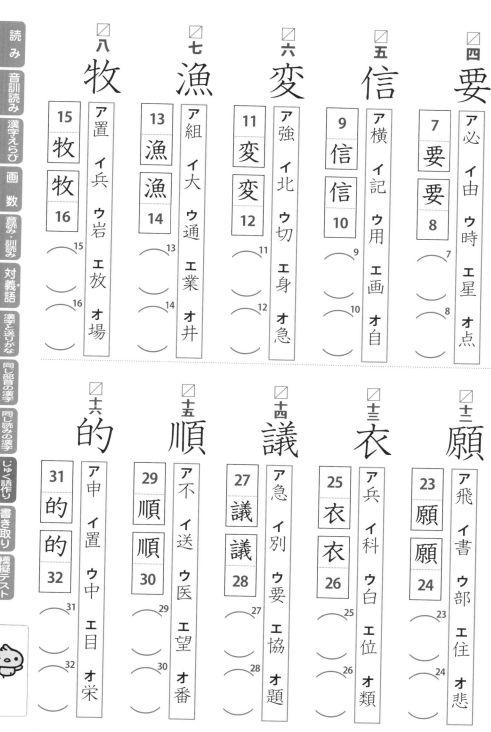

頻《ひん》出度
A
ランク

じゅく語作り②

目標時間 16分

1回目 /32

2回目 /32

かい答・かい説は別さつ34ページ

● 上の漢字と下の□の中の漢字を組み合わせて**二字のじゅく語を二つ作り、**（　）の中に答えを**記号**で書きなさい。

〈例〉 習　ア勉　イ字　ウ決　エ自　オ時
[1]習 習[2]　[1]（エ）[2]（イ）

□一 養　ア分　イ何　ウ倉　エ栄　オ世
[1]養 養[2]　[1]（　）[2]（　）

□二 加　ア東　イ参　ウ底　エ部　オ工
[3]加 加[4]　[3]（　）[4]（　）

□三 果　ア平　イ結　ウ実　エ洋　オ完
[5]果 果[6]　[5]（　）[6]（　）

□九 管　ア界　イ理　ウ血　エ必　オ成
[17]管 管[18]　[17]（　）[18]（　）

□十 節　ア整　イ関　ウ電　エ辺　オ庫
[19]節 節[20]　[19]（　）[20]（　）

□十一 積　ア雪　イ面　ウ短　エ温　オ功
[21]積 積[22]　[21]（　）[22]（　）

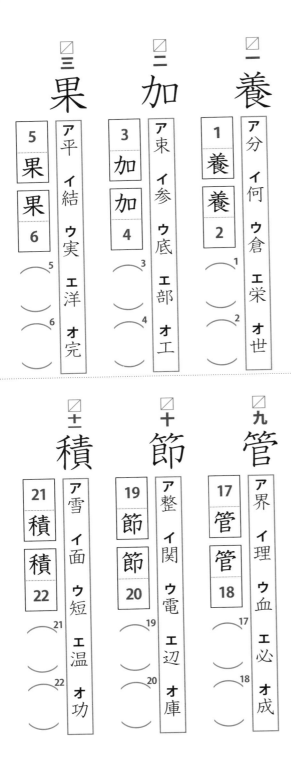

□四 続

ア 重　イ 順　ウ 連　エ 行　オ 節

7 続　続 8

7（　　）　8（　　）

□五 種

ア 品　イ 美　ウ 岡　エ 目　オ 駅

9 種　種 10

9（　　）　10（　　）

□六 隊

ア 希　イ 軍　ウ 芸　エ 区　オ 長

11 隊　隊 12

11（　　）　12（　　）

□七 徒

ア 標　イ 料　ウ 生　エ 歩　オ 宿

13 徒　徒 14

13（　　）　14（　　）

□八 約

ア 予　イ 束　ウ 代　エ 秒　オ 勉

15 約　約 16

15（　　）　16（　　）

□十二 失

ア 種　イ 事　ウ 温　エ 消　オ 敗

23 失　失 24

23（　　）　24（　　）

□十三 挙

ア 選　イ 愛　ウ 器　エ 流　オ 手

25 挙　挙 26

25（　　）　26（　　）

□十四 愛

ア 井　イ 連　ウ 親　エ 用　オ 員

27 愛　愛 28

27（　　）　28（　　）

□十五 固

ア 泳　イ 苦　ウ 強　エ 福　オ 定

29 固　固 30

29（　　）　30（　　）

□十六 産

ア 法　イ 業　ウ 約　エ 特　オ 線

31 産　産 32

31（　　）　32（　　）

頻《ひん》出度 A ランク

書き取り①

目標時間 21分

1回目 /42

2回目 /42

かい答・かい説は別さつ35ページ

● 次の――線の**カタカナ**を**漢字**になおして下の（　）の中に書きなさい。

1 楽しそうな**ワラ**い声が聞こえる。
2 教室では**シズ**かにしなさい。
3 **ノコ**り物には福がある
4 **ヤ**きぐりの皮をむく。
5 友達のノートを**カ**りる。
6 赤ちゃんが**ナ**いている。
7 もう**ウメ**の花がさいた。
8 家の屋根にすずめの**ス**がある。
9 いろいろなうわさが**ト**びかう。

22 めがねをテーブルの上に**オ**く。
23 頭から水を**ア**びる。
24 百メートル走の世界記**ロク**が出た。
25 **サク**夜はねむれなかった。
26 友達と科学**ハク**物館に出かけた。
27 料理に**シオ**を入れわすれた。
28 流れ星に**ネガ**いごとをする。
29 **ツメ**たい水で顔をあらう。
30 学校からの連らくを母に**ツタ**えた。

10 すりきずが自ゼンに治った。（　　）
11 早くハタラいて自立したい。（　　）
12 植物のタネを選別する。（　　）
13 父の退《たい》院をイワった。（　　）
14 おじいさんがマゴと散歩している。（　　）
15 この辺りの水深はアサい。（　　）
16 三オク年前の地球について調べる。（　　）
17 丸い手カガミを持っている。（　　）
18 日本海ガワは天気が悪い。（　　）
19 姉はだれからもスかれる。（　　）
20 一面に雪がツもる。（　　）
21 父の話は長い時間ツヅいた。（　　）

31 駅前の銀行をリ用する。（　　）
32 そろそろゼリーがカタまるころだ。（　　）
33 オれ線グラフを作る。（　　）
34 体育ソウ庫は道具でいっぱいだ。（　　）
35 北キョクには大きな白くまがいる。（　　）
36 おふろの湯がアツすぎる。（　　）
37 食わずぎらいの野サイが多い。（　　）
38 庭にマツの木を植える。（　　）
39 ツツみかくさず真実を話す。（　　）
40 図形の面積をモトめる。（　　）
41 あの木の所までキョウ走しよう。（　　）
42 雲が切れ、日がテってきた。（　　）

頻《ひん》出度

A

ランク

書き取り②

目標時間 21分

1回目 /42

2回目 /42

かい答・かい説は別さつ35ページ

● 次の――線のカタカナを漢字になおして下の（　）の中に書きなさい。

1 この春、姉は大学をソツ業した。（　）

2 身長がヒクいのがなやみだ。（　）

3 ピアノの発表会で花タバを送った。（　）

4 わたしたちはナカ良し三人組だ。（　）

5 カナラずむかえに行く。（　）

6 家族で記ネン写真をとる。（　）

7 健コウを気にする人は多い。（　）

8 ス箱を木にかける。（　）

9 春になって木々がメぶく。（　）

22 この風ケイには見覚えがある。（　）

23 部屋の中がクーラーでヒえている。（　）

24 校歌を全校生徒で合ショウした。（　）

25 学ゲイ会が来週行われる。（　）

26 こぶしをカタめてがまんした。（　）

27 いちばん前のセキにすわる。（　）

28 家族でかまメシを食べに出かける。（　）

29 目ヒョウがあるとがんばれる。（　）

30 テレビの歌番組をロク画した。（　）

10 つくえの上に本を**ツ**み重ねる。（　　）

11 小学校で**エイ**語を習う。（　　）

12 山の上に**ハタ**を立てた。（　　）

13 勉強で友達に**サ**をつけられた。（　　）

14 近くに**ジ**童公園がある。（　　）

15 ライオンは**ム**れで子育てをする。（　　）

16 太陽は地球を**テ**らしている。（　　）

17 ステーキが十分に**ヤ**けた。（　　）

18 次々と色が**カ**わっていく。（　　）

19 その国はどんどん**サカ**えている。（　　）

20 湖の**ソコ**までは見えない。（　　）

21 大**リン**のキクの花がさいた。（　　）

31 **マト**をしぼって勉強する。（　　）

32 **オ**りたたみのかさを持っていく。（　　）

33 **ボク**場で馬と遊ぶ。（　　）

34 転校生と話して親しみを**オボ**えた。（　　）

35 **セツ**分の豆まきを楽しむ。（　　）

36 リレーの**セン**手として出場する。（　　）

37 みさきの**トウ**台が目印だ。（　　）

38 道**トク**の授《じゅ》業で教科書を読む。（　　）

39 今夜の**マン**月は美しい。（　　）

40 昔から**ツタ**わる話がある。（　　）

41 商店**ガイ**でセールをやっている。（　　）

42 おみくじを木の枝《えだ》に**ムス**ぶ。（　　）

頻《ひん》出度 B ランク

読み①

目標時間 21分

1回目 ／42

2回目 ／42

かい答・かい説は別さつ36ページ

● 次の――線の**漢字の読み**を**ひらがな**で下の（　）の中に書きなさい。

- 1 結こん式の司会をたのまれた。（　）
- 2 希望は野球部に入ることだ。（　）
- 3 図書館で本を選んだ。（　）
- 4 みんなで輪になっておどった。（　）
- 5 満開のさくらをながめる。（　）
- 6 ロケットの打ち上げが成功した。（　）
- 7 海で日焼けをした。（　）
- 8 これは薬の副作用によるものだ。（　）
- 9 戦争は五年間続いた。（　）

- 22 記者の取材を受けた。（　）
- 23 友達との競走に負けた。（　）
- 24 兄は決意を固めたようだ。（　）
- 25 歯医者に通って虫歯を治す。（　）
- 26 水不足のため節水に努める。（　）
- 27 仲間をつのってゲームをする。（　）
- 28 自分の考えを伝える。（　）
- 29 特別に重要な役目をあたえられる。（　）
- 30 弟は心から反省している。（　）

10 良いことをするのは気持ちがいい。

11 野鳥の巣箱を作った。

12 一億年前の化石が見つかった。

13 夏休みにこん虫の標本を作る。

14 駅前の案内板を見る。

15 新年会で得《とく》意の芸を見せた。

16 遠くに連なる山をながめる。

17 あまりの出来事に言葉を失う。

18 おまじないの言葉を唱える。

19 ショックが大きくて心が折れた。

20 すっぱいものを好む。

21 実験中に大事故が起こった。

31 各地の民話を集めている。

32 録画していたえい画を見る。

33 一輪車に乗る練習をする。

34 食器は欠けてしまった。

35 遠足で児童を引率《そつ》した。

36 この店はケーキの種類が多い。

37 宿題を必死で終わらせた。

38 満天の星がきれいだ。

39 勇気を出して告《こく》白する。

40 良薬は口に苦し

41 正月のテレビで箱根駅伝を見た。

42 今日は学校のそう立記念日だ。

頻《ひん》出度 B ランク

読み②

目標時間 21分

1回目 /42

2回目 /42

かい答・かい説は別さつ36〜37ページ

● 次の——線の**漢字の読み**を**ひらがな**で下の（　）の中に書きなさい。

1 立て札を目印に進む。（　　）

2 受付の人に来社の理由を言った。（　　）

3 少しの変化も見のがさない。（　　）

4 無数のホタルが飛んでいる。（　　）

5 水族館でイルカの曲芸を見る。（　　）

6 菜の花畑が美しい。（　　）

7 祖《そ》父母の家は市街地にある。（　　）

8 未来を想像《ぞう》してみる。（　　）

9 栄養のバランスを考える。（　　）

22 相手の身を案じる。（　　）

23 倉庫の中は空っぽだった。（　　）

24 本日の最後の列車が出発した。（　　）

25 雨がふっても試合を続行する。（　　）

26 まるで小説のような出来事だった。（　　）

27 飛行機が空港に着陸する。（　　）

28 ある人物の伝記を読む。（　　）

29 旅先で民芸品を買った。（　　）

30 一人ずつ体重を量る。（　　）

10 昨夜はおそくまで起きていた。

11 月の満ち欠けを記録する。

12 びんの底をきれいにあらう。

13 台風のせいで電車が不通となった。

14 目標に向かって努力する。

15 岸辺に自生する植物だ。

16 交通機関はバスだけだ。

17 野菜をたくさん食べる。

18 友好の印としてあく手をする。

19 祖《そ》父は頭が固い。

20 運動会は好天にめぐまれた。

21 頭のいたみが治まる。

31 かぜをひいたので安静にする。

32 あらった衣服を整理する。

33 きのうからの不安は的中した。

34 米の品種はたくさんある。

35 ぼうけん家が南極を目指す。

36 部屋にエアコンを付ける。

37 体の色を変える虫がいる。

38 民宿で夕食を囲《かこ》む。

39 助け合いの大切さを説く。

40 大量に水を飲んだ。

41 人を利用するだけではいけない。

42 夕ぐれになると街灯がともる。

読み
音訓読み
漢字えらび
画数
音読み・訓読み
対義語
漢字と送りがな
同じ部首の漢字
同じ読みの漢字
じゅく語作り
書き取り
模擬テスト

頻出度《ひん》

B ランク

読み③

目標時間 21分

1回目 /42

2回目 /42

かい答・かい説は別さつ37ページ

● 次の――線の**漢字の読み**を**ひらがな**で下の（　）の中に書きなさい。

1 十年来の約束を果たす。（　）

2 好きな詩を暗唱する。（　）

3 毎日焼けるような暑さが続く。（　）

4 作文を清書する。（　）

5 不意によび止められた。（　）

6 野菜の産地が気になる。（　）

7 母は手芸が得意《とく》だ。（　）

8 初心をわすれないようにしたい。（　）

9 急速な変化を望まない。（　）

22 さんまの塩焼きを食べた。（　）

23 大雨に加えて強い風までふいてきた。（　）

24 言い争う声が聞こえる。（　）

25 好きなことは長く続けられる。（　）

26 北極には陸地がない。（　）

27 地図に印を付けた。（　）

28 明日は待ちに待った学芸会だ。（　）

29 にぎり飯をほおばる。（　）

30 ごみを分別して出す。（　）

10 お祝いに赤飯をたく。

11 都道府県の位置を地図でたしかめる。

12 ストーブに灯油を入れた。

13 熱戦の末に勝利する。

14 浴室をきれいにそうじする。

15 悪い予感は案外当たるものだ。

16 サッカーの試合を観戦する。

17 本日の議題は遠足についてです。

18 実験器具の使い方を教わる。

19 父は苦労して進学した。

20 差別のない社会を目指す。

21 兄は英語の先生です。

31 新幹《かん》線が開通して便利だ。

32 デパートのセールに人が群がる。

33 大空が果てしなく広がっている。

34 祝賀会の準備《じゅんび》に追われた。

35 息子の運動会に参加した。

36 時代小説を愛読している。

37 道徳の授《じゅ》業を受ける。

38 その国は漁業に力を入れている。

39 英語は世界の共通語と言われる。

40 明日は授《じゅ》業を欠席する。

41 試合の結果をまだ知らない。

42 事件《けん》解《かい》決のかくれた功労者は兄だ。

頻《ひん》出度

B ランク

音訓読み①

目標時間 18分

1回目 ／36

2回目 ／36

かい答・かい説は別さつ38ページ

● 次の各組の――線の**漢字の読み**を**ひらがな**で（　）の中に書きなさい。

1 勇気ある行動をとるべきだ。（　）

2 勇ましい音楽に合わせて入場する。（　）

3 毎日、散歩をしている。（　）

4 雨でにわの花が散ってしまった。（　）

5 栄養のあるものを食べた。（　）

6 昔は港町として栄えた所だ。（　）

7 学校の校旗をかかげる。（　）

8 パレードで旗をふった。（　）

19 面積を求める問題が出た。（　）

20 部屋にはだんボール箱が積まれていた。（　）

21 良いことが連続して起こった。（　）

22 犬とねこのにらみ合いが続いた。（　）

23 わたしの予想は的中した。（　）

24 的をめがけてボールを投げる。（　）

25 冷静になって話し合おう。（　）

26 冷たい水を飲む。（　）

☐ 9 みかんの産地を調べる。（　）

☐ 10 虫がたまごを産みつける。（　）

☐ 11 失敗から学ぶことは多い。（　）

☐ 12 人ごみで友達を見失う。（　）

☐ 13 合唱コンクールに出場する。（　）

☐ 14 全員で「ばんざい」を唱える。（　）

☐ 15 栄養がかたよらないよう気をつける。（　）

☐ 16 運動を通じて強い心を養う。（　）

☐ 17 明日は町内野球の試合だ。（　）

☐ 18 新しい投げ方を試みる。（　）

☐ 27 老人会の旅行に行く。（　）

☐ 28 祖《そ》母は知らぬ間に老いていた。（　）

☐ 29 そのことについて深く反省している。（　）

☐ 30 くわしいことを省いて話した。（　）

☐ 31 動物園には多くの種類の動物がいる。（　）

☐ 32 花だんに花の種をまいた。（　）

☐ 33 千円札を出しておつりをもらう。（　）

☐ 34 持ち物に名札を付ける。（　）

☐ 35 発表会のプログラムを印刷する。（　）

☐ 36 図工の時間に版《はん》画を刷った。（　）

頻《ひん》出度
B
ランク

漢字えらび①

● 次の――線の**カタカナ**に合う**漢字**をえらんで（　）の中に**記号**で書きなさい。

1 漢字を**ジ**典で調べる。（ア辞　イ事　ウ次）（　）

2 小**セツ**を読んで感想文を書く。（ア折　イ説　ウ切）（　）

3 特急けんを予**ヤク**する。（ア役　イ約　ウ薬）（　）

4 商店**ガイ**で買い物をする。（ア外　イ街　ウ害）（　）

5 新校舎《しゃ》が完**セイ**する。（ア整　イ省　ウ成）（　）

6 交差点で左**セツ**する。（ア折　イ説　ウ切）（　）

15 健**コウ**食品について調べる。（ア候　イ康　ウ向）（　）

16 二人で観光地を**アン**内した。（ア安　イ暗　ウ案）（　）

17 家族の中で**サイ**後に家を出た。（ア祭　イ最　ウ菜）（　）

18 相手の要**キュウ**を聞く。（ア求　イ給　ウ急）（　）

19 祖《そ》父は昔の**エイ**光にこだわる。（ア栄　イ英　ウ泳）（　）

20 **ユウ**気をふりしぼって発言した。（ア勇　イ有　ウ遊）（　）

目標時間 14分

1回目 /28

2回目 /28

かい答・かい説は別さつ38ページ

7 料理を追**カ**で注文する。（ア貨　イ加　ウ化）

8 **一チョウ**円の予算を組む。（ア丁　イ調　ウ兆）

9 寒さで感**カク**がなくなる。（ア角　イ各　ウ覚）

10 旅先で名**サン**品を買う。（ア参　イ散　ウ産）

11 約**ソク**の日に出かけた。（ア側　イ束　ウ速）

12 競**ソウ**相手にせり負ける。（ア相　イ倉　ウ争）

13 朝の**サン**歩は気持ちがいい。（ア散　イ参　ウ産）

14 試験の結**カ**が発表された。（ア果　イ課　ウ化）

21 海外でめずらしい体**ケン**をした。（ア験　イ健　ウ建）

22 **セツ**分で豆をまいた。（ア節　イ切　ウ折）

23 友人の**ヘン**化に気づかなかった。（ア辺　イ返　ウ変）

24 会場で日本の国**キ**がかかげられた。（ア期　イ希　ウ旗）

25 高山植物の**グン**生地を保護《ほご》する。（ア軍　イ郡　ウ群）

26 友達に年**ガ**状《じょう》を出した。（ア芽　イ賀　ウ画）

27 **ジョウ**下町の様子を写真にとった。（ア場　イ城　ウ乗）

28 先生は人**トク**のある人物だった。（ア特　イ徳　ウ読）

頻《ひん》出度

B

ランク

画数①

目標時間 35分

1回目 /70

2回目 /70

かい答・かい説は別さつ38～39ページ

●次の1～56の漢字の**太い画**のところは**筆順の何画目**か、57～70の漢字の**総**《そう》**画数は何画**か、**算用数字**（1、2、3…）で下の□の中に書きなさい。

〈例〉正 2

〈例〉右 5

何画目

1 材

2 刷

3 低

4 飯

5 牧

6 栄

15 衣

16 英

17 塩

18 漁

19 鏡

20 景

29 勇

30 要

31 陸

32 衣

33 課

34 旗

43 類

44 低

45 的

46 械

47 器

48 徳

総画数

57 群

58 茨

59 媛

60 岡

61 賀

62 岐

7 求
8 郡
9 径
10 芸
11 健
12 建
13 孫
14 隊

21 健
22 建
23 辞
24 借
25 笑
26 帯
27 特
28 満

35 協
36 固
37 最
38 刷
39 残
40 博
41 協
42 底

49 潟
50 佐
51 埼
52 鹿
53 井
54 栃
55 阪
56 富

63 熊
64 香
65 崎
66 滋
67 縄
68 奈
69 梨
70 阜

頻《ひん》出度

B ランク

音読み・訓読み①

目標時間 24分

1回目 ／48

2回目 ／48

かい答・かい説は別さつ39ページ

● 次の漢字の読みは**音読み**（**ア**）ですか、**訓読み**（**イ**）ですか。**記号**を下の□の中に書きなさい。

〈例〉 力《ちから》 イ

1 便《べん》 □

2 労《ろう》 □

3 借《しゃく》 □

4 要《かなめ》 □

5 氏《し》 □

13 芸《げい》 □

14 佐《さ》 □

15 挙《きょ》 □

16 側《そく》 □

17 末《まつ》 □

25 崎《さき》 □

26 法《ほう》 □

27 無《む》 □

28 良《りょう》 □

29 例《れい》 □

37 欠《けつ》 □

38 奈《な》 □

39 阜《ふ》 □

40 順《じゅん》 □

41 省《せい》 □

6 岡《おか》
7 賀《が》
8 潟《かた》
9 各《かく》
10 固《こ》
11 香《か》
12 英《えい》

18 民《みん》
19 席《せき》
20 季《き》
21 夫《ふ》
22 単《たん》
23 埼《さい》
24 特《とく》

30 説《せつ》
31 約《やく》
32 鹿《か》
33 案《あん》
34 井《い》
35 械《かい》
36 栃《とち》

42 信《しん》
43 徳《とく》
44 令《れい》
45 城《じょう》
46 関《かん》
47 群《ぐん》
48 富《ふ》

頻《ひん》出度
B
ランク

対義語《ぎ》①

目標時間 11分

1回目 ／22

2回目 ／22

かい答・かい説は別さつ40ページ

● 1～4について、後の□の中のひらがなを漢字になおして、意味が反対や対《つい》になることば（対義語《ぎ》）を書きなさい。□の中のひらがなは**一度だけ**使い、下の（　）の中に**漢字一字**を書きなさい。〈例〉屋内―屋□（外）

1

- 成功 ― 1 敗（　）
- 海上 ― 2 上（　）
- 高地 ― 3 地（　）
- 敗北 ― 勝 4（　）
- 集中 ― 分 5（　）

さん・しっ・てい・り・りく

2

- 本業 ― 6 業（　）
- 連勝 ― 連 7（　）
- 流動 ― 8 定（　）
- 熱湯 ― 9 水（　）
- 高音 ― 10 音（　）

こ・てい・ぱい・ふく・れい

3

文頭 ― 文 11 （　）

直線 ― 12 線 （　）

有色 ― 13 色 （　）

高温 ― 14 温 （　）

休息 ― 労 15 （　）

空室 ― 16 室 （　）

きょく・てい・どう・まつ・まん・む

4

有力 ― 17 力 （　）

勝者 ― 18 者 （　）

美点 ― 19 点 （　）

発病 ― 全 20 （　）

海面 ― 海 21 （　）

運動 ― 22 止 （　）

けっ・せい・ち・てい・はい・む

頻《ひん》出度
B
ランク

漢字と送りがな①

目標時間 15分

1回目 ／30

2回目 ／30

かい答・かい説は
別さつ40ページ

● 次の——線の**カタカナ**を○**の中の漢字と送りがな（ひらがな）**で下の（　）の中に書きなさい。

〈例〉美 **ウツクシイ**花だ。（美しい）

□ 1 敗 一点差で試合に**ヤブレル**。（　　）

□ 2 最 **モットモ**高い山に登る。（　　）

□ 3 続 毎日、練習を**ツヅケル**。（　　）

□ 4 連 合格《かく》者の名前が**ツラナル**。（　　）

□ 5 別 友達とは夕方に**ワカレル**。（　　）

□ 6 結 くつのひもを**ムスブ**。（　　）

□ 16 治 祖《そ》母の病気が**ナオル**。（　　）

□ 17 願 早く回復《ふく》することを**ネガウ**。（　　）

□ 18 好 あまい物を**コノム**。（　　）

□ 19 低 コントラバスの**ヒクイ**音がひびく。（　　）

□ 20 伝 昔から**ツタワル**話がある。（　　）

□ 21 笑 赤んぼうはうれしそうに**ワラウ**。（　　）

7 省 むだを**ハブク**。（　　）

8 勇 **イサマシイ**音楽が流れる。（　　）

9 加 外国人スタッフが**クワワル**。（　　）

10 覚 大きな音で目を**サマス**。（　　）

11 挙 全員が賛《さん》成の手を**アゲル**。（　　）

12 残 山のいただきに雪が**ノコル**。（　　）

13 量 相手の気持ちをおし**ハカル**。（　　）

14 固 コンクリートを**カタメル**。（　　）

15 満 コップに水を**ミタス**。（　　）

22 飛 ボールを遠くまで**トバス**。（　　）

23 参 母と神社に**マイル**。（　　）

24 清 **キヨイ**心を持ち続ける。（　　）

25 望 健康であることを**ノゾム**。（　　）

26 付 むねにバッジを**ツケル**。（　　）

27 群 池のコイがエサに**ムラガル**。（　　）

28 帯 演《えん》説はしだいに熱を**オビル**。（　　）

29 香 花のにおいが**カオル**。（　　）

30 散 そばにきざみのりを**チラス**。（　　）

頻《ひん》出度
B
ランク

同じ部首の漢字①

目標時間 16分

1回目 ／32

2回目 ／32

かい答・かい説は
別さつ40～41ページ

● 次の**部首のなかまの漢字**で□にあてはまる**漢字一字**を□の中に書きなさい。

〈例〉艹（くさかんむり）　［草《くさ》］木・［薬《くすり》］屋

☐ **ア** 心（こころ）

記 **1** □（ねん）・**2** □（あい）犬・**3** □（ひつ）要

☐ **イ** 阝（こざとへん）

兵 **4** □（たい）・**5** □（りく）上・病 **6** □（いん）

☐ **ウ** 金（かねへん）

記 **7** □（ろく）・手 **8** □（かがみ）・**9** □（てつ）道

☐ **エ** 口（くにがまえ）

10 □（こ）定・公 **11** □（えん）・**12** □（ず）案

□ **オ** 氵（さんずい）

13 □《な》き声・遠 14 □《あさ》

15 自□《ち》会・16 □《しょう》化

□ **カ** 頁（おおがい）

17 親□《るい》・18 念□《がん》・19 □《がん》面

□ **キ** 羊（ひつじ）

20 □《び》声・大 21 □《ぐん》・水 22 □《ぎ》

□ **ク** イ（にんべん）

両 23 □《がわ》・労 24 □《どう》

25 □《べん》利・26 □《でん》記

□ **ケ** 土（つちへん）

27 □《じょう》門・28 □《さか》道・29 □《しお》味

□ **コ** 貝（かい・こがい）

30 □《か》物・勝 31 □《ぶ》・祝 32 □《が》

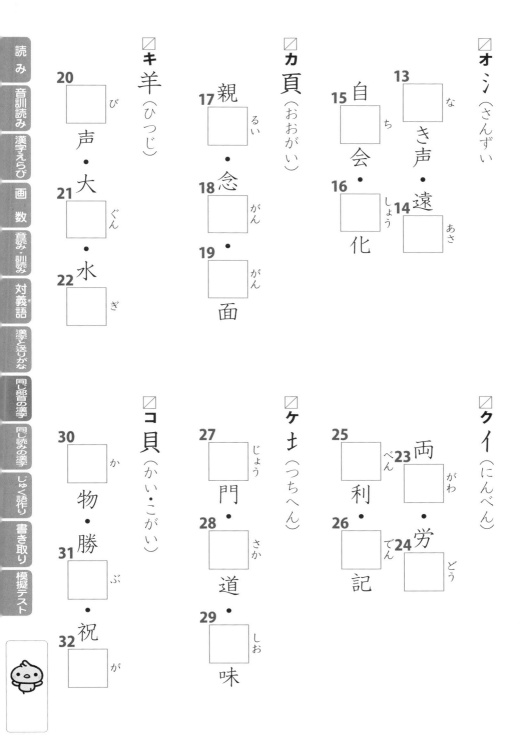

頻出度《ひん》

B

ランク

同じ読みの漢字①

目標時間 18分

1回目 /36

2回目 /36

かい答・かい説は別さつ41ページ

● 次の——線の**カタカナ**を**漢字**になおして下の（　）の中に書きなさい。

□ 1 **カ**物列車が通りすぎる。（　　）

□ 2 放**カ**後、部活動をする。（　　）

□ 3 カラオケ大会に参**カ**した。（　　）

□ 4 仕事は結**カ**がすべてだ。（　　）

□ 5 結こん式の**シ**会をした。（　　）

□ 6 必**シ**でゴールまで走る。（　　）

□ 7 白アリは**ガイ**虫だ。（　　）

□ 8 商店**ガイ**はいつもにぎわっている。（　　）

□ 19 今日の**キュウ**食はカレーだ。（　　）

□ 20 **キュウ**人広告《こく》をながめる。（　　）

□ 21 音楽**タイ**のコンサートに行った。（　　）

□ 22 うでに包**タイ**をした。（　　）

□ 23 週末は小**セツ**を読みふける。（　　）

□ 24 子ども会の**セツ**分で豆をもらう。（　　）

□ 25 美しい田園風**ケイ**が広がる。（　　）

□ 26 直**ケイ**三センチの円をかく。（　　）

9 海**テイ**の生物を調べる。（　）

10 子どもの体力が**テイ**下している。（　）

11 校**テイ**を子どもたちが走っている。（　）

12 きれいな千円**サツ**と交かんする。（　）

13 チラシを印**サツ**する。（　）

14 朝顔の観**サツ**日記をつけた。（　）

15 少しも反**セイ**していない。（　）

16 手紙の**セイ**書をする。（　）

17 かぜには安**セイ**が第一だ。（　）

18 いらないものを**セイ**理する。（　）

27 荷物を**ソウ**庫にしまう。（　）

28 戦**ソウ**よりも平和を望む。（　）

29 進路について**ソウ**談する。（　）

30 百メートル競**ソウ**で一番になった。（　）

31 えい画を見て感**ソウ**を述《の》べる。（　）

32 長年の苦**ロウ**の末に完成した。（　）

33 **ロウ**人と子どもの写真をとる。（　）

34 **エイ**語の勉強が好きだ。（　）

35 あの人は**エイ**光の金メダリストだ。（　）

36 水**エイ**教室に通う。（　）

頻《ひん》出度 B ランク

じゅく語作り①

目標時間 16分

1回目 /32

2回目 /32

かい答・かい説は別さつ41ページ

● 上の漢字と下の□の中の漢字を組み合わせて**二字のじゅく語を二つ作り**、（ ）の中に答えを**記号**で書きなさい。

〈例〉 習 ア勉 イ字 ウ決 エ自 オ時
□1 習 習 □2 （1 エ）（2 イ）

一 印 ア完 イ刷 ウ目 エ沖 オ祭
□1 印 印 □2 （1 ）（2 ）

二 景 ア第 イ念 ウ夜 エ変 オ品
□3 景 景 □4 （3 ）（4 ）

三 念 ア代 イ記 ウ安 エ願 オ庫
□5 念 念 □6 （5 ）（6 ）

九 完 ア短 イ未 ウ民 エ城 オ全
□17 完 完 □18 （17 ）（18 ）

十 共 ア速 イ公 ウ同 エ放 オ泣
□19 共 共 □20 （19 ）（20 ）

十一 結 ア果 イ養 ウ参 エ連 オ的
□21 結 結 □22 （21 ）（22 ）

四 側

ア 化　イ 両　ウ 改　エ 面　オ 好

7 側　側 8

7（　　）（　　）
8（　　）（　　）

五 良

ア 心　イ 差　ウ 利　エ 定　オ 改

9 良　良 10

9（　　）（　　）
10（　　）（　　）

六 戦

ア 整　イ 送　ウ 場　エ 作　オ 申

11 戦　戦 12

11（　　）（　　）
12（　　）（　　）

七 位

ア 司　イ 折　ウ 央　エ 単　オ 置

13 位　位 14

13（　　）（　　）
14（　　）（　　）

八 求

ア 要　イ 荷　ウ 曲　エ 人　オ 有

15 求　求 16

15（　　）（　　）
16（　　）（　　）

十二 熱

ア 丁　イ 湯　ウ 浅　エ 底　オ 高

23 熱　熱 24

23（　　）（　　）
24（　　）（　　）

十三 料

ア 服　イ 州　ウ 理　エ 原　オ 去

25 料　料 26

25（　　）（　　）
26（　　）（　　）

十四 群

ア 人　イ 部　ウ 大　エ 隊　オ 生

27 群　群 28

27（　　）（　　）
28（　　）（　　）

十五 城

ア 車　イ 便　ウ 門　エ 高　オ 古

29 城　城 30

29（　　）（　　）
30（　　）（　　）

十六 徳

ア 点　イ 用　ウ 間　エ 人　オ 勝

31 徳　徳 32

31（　　）（　　）
32（　　）（　　）

頻《ひん》出度 **B** ランク

書き取り①

● 次の――線のカタカナを漢字になおして下の（　）の中に書きなさい。

1 **フク**会長のあいさつが始まる。（　）

2 南**キョク**の動物について調べる。（　）

3 わからないので**セツ**明してください。（　）

4 駅前の書店は八月の**スエ**でへい店する。（　）

5 **ド**力をおしんではいけない。（　）

6 友達の**ワ**の中に入った。（　）

7 **イサ**ましい姿で現《あらわ》れる。（　）

8 四角形の面**セキ**を求める。（　）

9 **カン**光客に人気の店だ。（　）

22 **アイ**犬の名前はポチです。（　）

23 野生の生ぞん**キョウ**争はきびしい。（　）

24 かわいた草を**タバ**ねる。（　）

25 そんなに急ぐ**ヒツ**要はない。（　）

26 **セン**争をくり返してはならない。（　）

27 市民に**エラ**ばれた市長だ。（　）

28 友人はチームの**ナカ**間だ。（　）

29 ロケットの打ち上げに成**コウ**する。（　）

30 自転車があると通学に**ベン**利だ。（　）

目標時間 21分

1回目　／42

2回目　／42

かい答・かい説は別さつ41～42ページ

10 先生は職《しょく》員会**ギ**に出席している。

11 オタマジャクシを観**サツ**する。

12 国語辞**テン**で意味を調べる。

13 **シュク**日には店のお客がふえる。

14 **グン**手をまとめて買った。

15 一週間、**キュウ**食当番を務めた。

16 兵士《し》たちが上**リク**してきた。

17 円の直**ケイ**を測《はか》る。

18 世界で**モット**も高い山を目指す。

19 着物は日本の伝統的な**イ**服だ。

20 努力を**ツヅ**けたかいがあった。

21 **アタ**りは暗くなってきた。

31 サクラが**マン**開にさきほこる。

32 特別なあつかいは**ノゾ**まない。

33 子どもたちの**ミ**来に希望を持つ。

34 着物の**オビ**が少しきつい。

35 野球チームに新人が**クワ**わった。

36 工場の機**カイ**化が進んだ。

37 夕**ハン**の前に勉強をすませる。

38 無礼なことをしたと反**セイ**している。

39 工作の**ザイ**料を集めてくる。

40 かぜをひいて学校を欠**セキ**した。

41 暗くなってきたので電**トウ**をつけた。

42 こがらしでたくさんの葉が**チ**った。

頻出度《ひん》 B ランク

書き取り②

目標時間 21分

1回目 ／42

2回目 ／42

かい答・かい説は別さつ42ページ

● 次の——線のカタカナを漢字になおして下の（　）の中に書きなさい。

1 一のクライの数字を切りすてる。（　）
2 母の声で目がサめた。（　）
3 自分のケン康は自分で守る。（　）
4 近くの公園までサン歩をする。（　）
5 仕事をやりとげる自シンがある。（　）
6 新しい家がカン成した。（　）
7 正月に親ルイが集まった。（　）
8 作センどおりに試合が進んだ。（　）
9 トク別なお客様をもてなす。（　）

22 母国のキョウ通語はフランス語です。（　）
23 結こん式のシ会をする。（　）
24 大切な友人をウシナった。（　）
25 シン号はすぐに赤に変わった。（　）
26 タヤけ空が美しい。（　）
27 「億」の上の単位は「チョウ」だ。（　）
28 半ケイから円の面積を計算する。（　）
29 体そう服に名フダを付ける。（　）
30 マン員電車でおしつぶされそうだ。（　）

10 ヘリコプターが着**リク**した。

11 これは祖《そ》父が**アイ**用した品だ。

12 苦**ロウ**はやがて生きてくる。

13 放**カ**後の校庭は静かだ。

14 小学生が一**リン**車に乗っている。

15 家族で**ハツ**日の出を見に行く。

16 **ナ**の花のおひたしを食べる。

17 **アラタ**めて客にあいさつをする。

18 **ユウ**気を出して一歩をふみ出す。

19 今夜はなべ**リョウ**理を食べよう。

20 海外からの**タヨ**りがとどいた。

21 **エイ**会話教室に通っている。

31 親との約**ソク**を守った。

32 記者は取**ザイ**先に急いだ。

33 海**べ**に家を建てた。

34 週**マツ**に遊園地に行く。

35 神社に**マイ**り、おみくじを引く。

36 選**キョ**に行って投票する。

37 大**ジン**の記者会見が始まる。

38 家の近所には昔のお**シロ**がある。

39 地図から都道**フ**県名を答える。

40 庭にまいたエサに小鳥が**ムラ**がる。

41 きらいな食べ物を**ノコ**した。

42 育てていた球根が発**ガ**した。

頻《ひん》出度

C

ランク

読み①

● 次の——線の**漢字の読み**を**ひらがな**で下の（　）の中に書きなさい。

1 道ばたに一輪の花がさいている。（　）

2 試合は残念な結果に終わった。（　）

3 学校の周辺でこん虫を採《さい》集した。（　）

4 姉が英会話を習い始めた。（　）

5 世の中には不思議なことが多い。（　）

6 七夕の伝説は中国から伝わった。（　）

7 二人の身長の差を計算する。（　）

8 川が清らかに流れる。（　）

9 本だなをかべに固定する。（　）

22 参道のあじさいが見事だ。（　）

23 勉強するか労働するかを考えた。（　）

24 父が愛用しているカメラを借りる。（　）

25 重要な言葉に赤線を引く。（　）

26 千円札を持ってスーパーへ行く。（　）

27 給食を残さずに食べる。（　）

28 ライバルと熱戦をくり広げた。（　）

29 両親はとても仲がよい。（　）

30 気候の変動がはげしい。（　）

目標時間 21分

1回目　／42

2回目　／42

かい答・かい説は別さつ43ページ

10 学校生活を題材に物語を書く。（　）
11 失敗は気にしなくていい。（　）
12 順路を示《しめ》すかん板が出ていた。（　）
13 無理なことを要求された。（　）
14 交通安全の標語を考えた。（　）
15 新しい食器を買った。（　）
16 熱帯魚の飼《か》い方を調べる。（　）
17 念願のチケットを手にする。（　）
18 類は友をよぶ（　）
19 改札の前で待ち合わせる。（　）
20 ヒラメとカレイの区別ができない。（　）
21 今日は建国記念の日だ。（　）

31 満員電車に乗る。（　）
32 位が高い人物が来日した。（　）
33 立体交差の工事が行われる。（　）
34 無人島に上陸した。（　）
35 成績《せき》が低下した理由をたずねる。（　）
36 今年も白鳥が飛来してきた。（　）
37 放課後、友達と遊ぶ約束をする。（　）
38 昨年から書道を始めた。（　）
39 号令をかけて出発する。（　）
40 材木を積んだトラックが通る。（　）
41 照明器具を新しくする。（　）
42 実験《けん》は順調に進んでいる。（　）

頻出度《ひん》
C
ランク

読み②

目標時間 21分

1回目 /42

2回目 /42

かい答・かい説は別さつ43〜44ページ

● 次の——線の**漢字の読み**を**ひらがな**で下の（　）の中に書きなさい。

1 母の料理の手伝いをする。（　　）

2 節約のために毎日お弁《べん》当を作る。（　　）

3 標高千メートルの山に登る。（　　）

4 放置自転車がてっ去された。（　　）

5 食事の量を調整する。（　　）

6 日本新記録を打ち立てる。（　　）

7 雨で試合が中止になる。（　　）

8 清い心を持つ少女に出会う。（　　）

9 もう戦う気力は残っていない。（　　）

22 水道管の工事のため断《だん》水している。（　　）

23 一兆は一億の一万倍だ。（　　）

24 先生の号令で席に着いた。（　　）

25 新しいメンバーが加わる。（　　）

26 熊手を使って落ち葉を集める。（　　）

27 弟は野球ゲームに熱中している。（　　）

28 美しい光景を写真に残す。（　　）

29 大佐は軍隊の階級の一つだ。（　　）

30 新しい図案を考える。（　　）

10 お金は必要な分だけ持っていく。（　）

11 むねに名札を付ける。（　）

12 しょう来の希望は外交官だ。（　）

13 その山からは海岸が一望できる。（　）

14 高速バスの座《ざ》席を予約する。（　）

15 本州と九州は海底トンネルでつながっている。（　）

16 百科事典で花を調べる。（　）

17 県大会に初出場する。（　）

18 兄は機械いじりが好きだ。（　）

19 かんきょう問題について協議した。（　）

20 くだものが好物だ。（　）

21 トマトに食塩をふって食べる。（　）

31 朝の散歩を日課としている。（　）

32 滋養豊かな食べ物を選ぶ。（　）

33 奈良公園で鹿にえさを与える。（　）

34 この問題は一すじ縄ではいかない。（　）

35 昔、うら庭には井戸があったようだ。（　）

36 ライバルと火花を散らす。（　）

37 祖《そ》父に栃の実の食べ方を教わった。（　）

38 料理の前に包丁をとぐ。（　）

39 奈落の底につき落とされる。（　）

40 注文した洋梨が届く。（　）

41 目的地への道順を調べる。（　）

42 テレビの音量を調整する。（　）

頻《ひん》出度
C
ランク

音訓読み①

目標時間 18分

1回目 ／36

2回目 ／36

かい答・かい説は別さつ44ページ

● 次の各組の――線の漢字の読みをひらがなで（　）の中に書きなさい。

1 エジソンの伝記を読む。（　）
2 重大なニュースが伝えられた。（　）

3 駅周辺のスポットを調べる。（　）
4 友人の家はこの辺りだったと思う。（　）

5 海底火山がふん火する。（　）
6 心の底からそんけいしている。（　）

7 作業内容を説明する。（　）
8 先生が学問の意味を説く。（　）

19 中国の歴史《れきし》に関心を持つ。（　）
20 箱根の関の資《し》料を見る。（　）

21 市長選挙が行われる。（　）
22 店頭で商品を選ぶ。（　）

23 エベレスト登ちょうに成功する。（　）
24 漢字の成り立ちを学ぶ。（　）

25 ヘリコプターが低空を飛行する。（　）
26 犬の低いうなり声が聞こえた。（　）

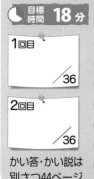

9 上空を飛行機が通りすぎた。（　　）
10 からすが飛び回っている。（　　）
11 ダムの水量がへった。（　　）
12 保《ほ》健室で体重を量る。（　　）
13 この辺りは街灯が少ない。（　　）
14 街角の風景を写真に残す。（　　）
15 テストの結果はよかった。（　　）
16 友人との約束を果たす。（　　）
17 求人広告《こく》をざっしにのせる。（　　）
18 答えをどう求めたかを説明する。（　　）

27 朝顔が発芽する様子を観察する。（　　）
28 努力が実ってやっと芽が出た。（　　）
29 転校する級友の送別会が開かれた。（　　）
30 門のところで友人と別れる。（　　）
31 旅行に必要な物を買う。（　　）
32 チームの要となる人物だ。（　　）
33 バッタの大群が作物に害をあたえた。（　　）
34 アリの群れが行列を作っている。（　　）
35 戦災《さい》で焼けた城門を修復《しゅうふく》する。（　　）
36 お城のおほりに白鳥がいる。（　　）

頻《ひん》出度 C ランク

同じ読みの漢字①

目標時間 18分

1回目 /36

2回目 /36

かい答・かい説は別さつ44～45ページ

● 次の――線の**カタカナ**を**漢字**になおして下の（　）の中に書きなさい。

1 緑黄色野**サイ**を食べる。（　）

2 走者は**サイ**終コーナーを回る。（　）

3 大学の文化**サイ**に出かける。（　）

4 目**ヒョウ**は地区でゆう勝することだ。（　）

5 学級委員を投**ヒョウ**で選ぶ。（　）

6 栄**ヨウ**価《か》の高い野菜を食べる。（　）

7 話の**ヨウ**点をまとめる。（　）

8 太**ヨウ**光パネルを設《せっ》置する。（　）

19 **トウ**台の光が点めつしている。（　）

20 兄と**トウ**球練習をする。（　）

21 **ケン**康に気をつける。（　）

22 ワクチンの**ケン**究をする。（　）

23 短きょり走は自**シン**がない。（　）

24 季節の花の写**シン**をとる。（　）

25 国語辞**テン**でじゅく語の意味を調べる。（　）

26 ひさしぶりに自**テン**車に乗った。（　）

9 面セキの計算方法を考える。（　　）

10 えい画館は空セキが目立った。（　　）

11 生徒会のフク会長に選ばれる。（　　）

12 フク引きで二等が当たった。（　　）

13 かぜでケッ席する人がふえた。（　　）

14 実験のケッ果におどろく。（　　）

15 ジ童公園にはブランコがある。（　　）

16 学級新聞の記ジを書く。（　　）

17 国語ジ典で意味を調べる。（　　）

18 出かける前に所ジ品を確《たし》かめる。（　　）

27 キュリーフ人の伝記を読む。（　　）

28 都道フ県ごとに人口を調べる。（　　）

29 駅前からバスにジョウ車する。（　　）

30 ジョウ下町の様子が残っている。（　　）

31 アルバイトで年ガ状《じょう》を配る。（　　）

32 絵ガ教室に通う。（　　）

33 魚の大グンが現《あらわ》れた。（　　）

34 グン手をはめて草むしりをした。（　　）

35 お昼のカレーはトク別おいしかった。（　　）

36 道トクの授《じゅ》業を受けた。（　　）

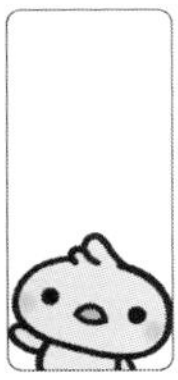

頻《ひん》出度
C
ランク

書き取り①

●次の——線の**カタカナ**を**漢字**になおして下の（　）の中に書きなさい。

目標時間 21分

1回目 ／42

2回目 ／42

かい答・かい説は別さつ45ページ

☐ **1** **エン**分はできるだけへらしたい。（　）
☐ **2** 兄は生**ト**会長をしている。（　）
☐ **3** テストの**ケッ**果はよかった。（　）
☐ **4** **アイ**鳥週間が始まった。（　）
☐ **5** 発表会で打楽**キ**を演奏《えんそう》する。（　）
☐ **6** 食事では栄**ヨウ**バランスを考える。（　）
☐ **7** 徒**キョウ**走で一着になる。（　）
☐ **8** 神社でお**フダ**をもらう。（　）
☐ **9** 会議の**ヨウ**点をまとめる。（　）

☐ **22** ツバメがいよいよ**ス**立つ季節だ。（　）
☐ **23** マラソンで日本新記**ロク**が出た。（　）
☐ **24** 商品は大きさで分**ルイ**する。（　）
☐ **25** 全員で問題解《かい》決に**ツト**める。（　）
☐ **26** チームは決勝**セン**に進んだ。（　）
☐ **27** 学芸会の台本を印**サツ**する。（　）
☐ **28** さいふには千円**サツ**が三まいある。（　）
☐ **29** 家を**タ**てる工程《てい》を見る。（　）
☐ **30** 朝から**ネツ**があり体調がよくない。（　）

10 **サク**年、引っこしたそうだ。（　）

11 きん肉の発**タツ**した体だ。（　）

12 問題一つひとつに**シルシ**を付ける。（　）

13 家の周辺は街**トウ**が少ない。（　）

14 自由研究にこん虫**ヒョウ**本を提《てい》出した。（　）

15 **ボウ**遠鏡で土星の輪を観察する。（　）

16 分度**キ**で角度を測《はか》る。（　）

17 農作物の出来は天**コウ**に左右される。（　）

18 植物の成長を**カン**察する。（　）

19 うでをふって**ヒッ**死に走る。（　）

20 町内の運動会に**サン**加する。（　）

21 大木の切りかぶから新**メ**が出ていた。（　）

31 姉はあまい物が**コウ**物だ。（　）

32 梨にはいろいろな品**シュ**がある。（　）

33 足の**ホウ**帯をまき直す。（　）

34 国**ミン**主権《けん》について学ぶ。（　）

35 祖《そ》父は**ギョ**船を所有している。（　）

36 **イ**類をリサイクルに出す。（　）

37 号**レイ**でいっせいに走り出す。（　）

38 水道**カン**の工事が始まる。（　）

39 授《じゅ》業で積**キョク**的に発言する。（　）

40 音楽家の**デン**記を読む。（　）

41 時代の**ヘン**化を感じる。（　）

42 五月の**レン**休は祖《そ》母の家へ行く。（　）

頻出度《ひん》 C ランク

書き取り②

目標時間 21分

1回目 /42

2回目 /42

かい答・かい説は 別さつ45〜46ページ

● 次の――線のカタカナを漢字になおして下の（　）の中に書きなさい。

1 かぜのため始業式をケッ席する。（　）
2 落語を聞いて大ワラいする。（　）
3 夜なので音リョウを小さくする。（　）
4 夕食後に食キをあらう。（　）
5 学校近くの道は交通リョウが多い。（　）
6 スイカの種を庭にトばした。（　）
7 マラソン大会をカン走する。（　）
8 お店の予ヤクをしておく。（　）
9 試験カンを使って実験をする。（　）

22 百科事テンで草花について調べる。（　）
23 祖《そ》父から戦ソウの体験談を聞く。（　）
24 そろそろトウ油を買いに行く。（　）
25 不思ギな夢《ゆめ》を見た。（　）
26 野菜にたくさんのガイ虫がつく。（　）
27 近くのホールで曲ゲイを見る。（　）
28 部屋の中はチらかっている。（　）
29 練習により演技《えんぎ》力の上タツが見られた。（　）
30 車が交サ点を右折した。（　）

10 **カ**物列車が通過《か》した。

11 今日の**ギ**題は学級委員を選ぶことだ。

12 食**エン**を食卓に置く。

13 手紙を**セイ**書する。

14 ダイコンを**ワ**切りにする。

15 **サン**地直送で魚を買う。

16 高校野球の**ネッ**戦が続く。

17 悪天**コウ**の中を出かける。

18 **カン**客の大きなはく手でむかえられた。

19 テストの結**カ**が発表された。

20 駅には多数の放**チ**自転車があった。

21 祖《そ》父は以前県会**ギ**員だった。

31 **リク**上競技《ぎ》場へ行く。

32 園**ゲイ**用の長ぐつをはく。

33 寒さで指先の感**カク**がなくなった。

34 父は地元の**ギョ**業組合につとめている。

35 今年の**ハツ**雪は平年より早かった。

36 学級新聞で政治を**トク**集する。

37 少女は**キヨ**らかな心の持ち主だ。

38 登山**タイ**は計十五名になった。

39 父親との**ヤク**束を破《やぶ》ってしまう。

40 部屋の**ショウ**明のスイッチを入れた。

41 選挙の投**ヒョウ**をすませる。

42 みんなの**カン**心を集める。

頻出度《ひん》 C ランク

書き取り③

● 次の――線のカタカナを漢字になおして下の（　）の中に書きなさい。

1 近所で草野球を観センした。（　）
2 友人とトモに富士山《ふじさん》に登った。（　）
3 ギ長は多数決で決まった。（　）
4 選挙は一票をアラソう接《せっ》戦だ。（　）
5 ホテルで祝ガ会が開かれた。（　）
6 自転車で海テイトンネルをぬけた。（　）
7 変化にトんだ海岸線だ。（　）
8 ギョ港ではマグロが水あげされる。（　）
9 木の幹《みき》に鳥の巣箱をコ定する。（　）

22 母は毎年ウメ酒を作っている。（　）
23 衣ルイがしわにならないようたたむ。（　）
24 先生の指示《じ》で着セキした。（　）
25 天ネンガスを活用する。（　）
26 植物は根からヨウ分をきゅうしゅうする。（　）
27 勝敗はサイ後までわからない。（　）
28 どこかで指ワを落としてしまった。（　）
29 家は駅からト歩で十分くらいかかる。（　）
30 スイカを水でヒやす。（　）

目標時間 21分

1回目 ／42

2回目 ／42

かい答・かい説は別さつ46ページ

10 今後の人生は**イバラ**の道だ。

11 空港に**ヒ**行機を見に行く。

12 家族で**ミン**宿にとまる。

13 走者はスタート**イ**置についた。

14 ランナーは五**シュウ**めに入った。

15 **ザイ**木のねだんが上がる。

16 念**ガン**の高校に合格《かく》した。

17 祭りで**ワ**投げを楽しむ。

18 望遠**キョウ**を使って月を観察する。

19 目**テキ**地まであと一時間だ。

20 山歩きで**クマ**が現《あらわ》れた。

21 植物園で花の**カオ**りを楽しむ。

31 気**コウ**が温暖《だん》で冬でもすごしやすい。

32 **シカ**に畑の農作物を食べられた。

33 時間をかけて**ナワ**をほどく。

34 犬を**ツ**れて散歩する。

35 漁船に乗って**オキ**に出る。

36 学級通信が**ス**り上がった。

37 いつまでも**キヨ**い心を持ち続ける。

38 母から**ナシ**の皮のむき方を教わる。

39 北海道で馬の放**ボク**を見る。

40 **クダ**を使って水を送る。

41 事件《けん》について思い当たる**フシ**がある。

42 演《えん》説は熱を**オ**びてきた。

漢・字・パ・ズ・ル

お話がかくれているよ！

十字の外側とまん中の字をあわせると、それぞれ４つの二字じゅく語ができます。〔４〕の「れい」のように、まん中に漢字を入れましょう（三角の方向に読みます）。〔１〕から漢字を並べて解答らんに書いて、宮沢賢《みやざわけん》治《じ》の小説名を答えてください。

〔１〕

発《はっ》

受《じゅ》 ▶ □ ▶ 目《もく》

意《い》

〔２〕

給《きゅう》

飲《いん》 ▶ □ ▶ 亭《てい》

金《きん》

食事をするところ。
２級の漢字だよ。
むずかしいかな？

〔３〕

心《しん》

整《せい》 ▶ □ ▶ 科《か》

由《ゆう》

〔４〕れい

書《しょ》

開《かい》 ▶ 店《てん・みせ》 ▶ 員《いん》

先《さき》

解答らん『〔１〕□文の多い〔２〕□〔３〕□〔４〕店』

答え 『注《ちゅう》文の多い料《りょう》理《り》店《てん》』

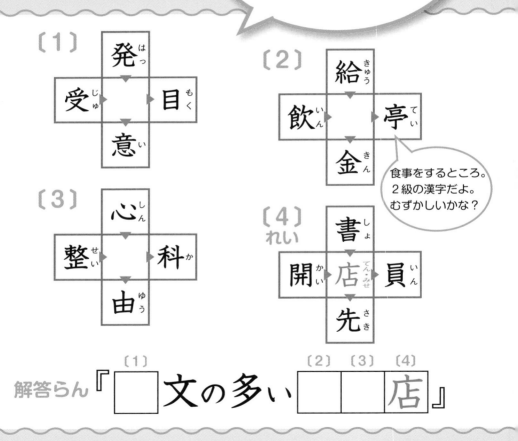

模《も》擬《ぎ》テスト

実際の試験と同じ形式の模擬《もぎ》テストを２回掲《けい》載《さい》しています。実際の試験は60分ですので、自分で時間を計ってやってみましょう。答え合わせも正確に行いましょう。合格点の目安は200点満点中の140点(70%程度《ていど》)です。

本試験形式 第1回 模《も》擬《ぎ》テスト

目標時間 60分
合かく点 140点

1回目 /200

2回目 /200

かい答は別さつ47ページ

(一)

次の——線の**漢字の読み**を**ひらがな**で下の( )の中に書きなさい。

1×20=20点

点

1 食事の栄養バランスを考える。( )
2 着物の帯をしめる。( )
3 部屋の照明をつける。( )
4 日本の最も長い川を調べた。( )
5 辞典で意味を調べる。( )
6 長く学校を欠席している。( )
7 寒くなって木の葉が散る。( )
8 まどの外の風景をながめる。( )
9 にぎり飯をほおばる。( )
10 不安が的中してしまった。( )
11 科学に強い関心をもつ。( )
12 今日こそ必ず部屋をかたづけよう。( )
13 一年間学習に努める。( )
14 この辺りにかくれている。( )
15 大きな事業を成功させる。( )
16 湖の岸辺でキャンプをする。( )
17 花束をプレゼントする。( )
18 テニスの試合を観戦する。( )
19 台所から包丁をもってくる。( )
20 飛んで火に入る夏の虫( )

(二) 次の各組の――線の**漢字の読み**を**ひらがな**で下の（　）の中に書きなさい。

1×10=10点　　点

- 1 お店に指輪を買いに行く。（　　）
- 2 一輪車の練習をする。（　　）
- 3 合格《かく》祝いをおくる。（　　）
- 4 結こんを祝福する。（　　）
- 5 おかしを和紙に包む。（　　）
- 6 うでに白い包帯をまく。（　　）
- 7 重量挙げの選手になる。（　　）
- 8 海水は一挙にひいていった。（　　）
- 9 失敗をおそれるな。（　　）
- 10 野球の試合で敗れる。（　　）

(三) 次の――線の**カタカナ**に合う**漢字**をえらんで、その漢字の記号に○をつけなさい。

2×10=20点　　点

- 1 合**ショウ**の練習をする。（ア 唱　イ 松　ウ 照）
- 2 各員が配**チ**につく。（ア 知　イ 地　ウ 置）
- 3 文書を完**セイ**させる。（ア 成　イ 省　ウ 整）
- 4 ホルンは**カン**楽器だ。（ア 管　イ 官　ウ 完）
- 5 ちょうの**ヒョウ**本をもらった。（ア 票　イ 表　ウ 標）
- 6 自動車を**ソク**面から見る。（ア 側　イ 息　ウ 速）
- 7 新しい品**シュ**をつくる。（ア 主　イ 守　ウ 種）
- 8 野**サイ**をたくさん食べる。（ア 菜　イ 祭　ウ 細）
- 9 進んで**キョウ**力《りょく》する。（ア 強　イ 競　ウ 協）
- 10 試験の結**力**が出た。（ア 加　イ 貨　ウ 果）

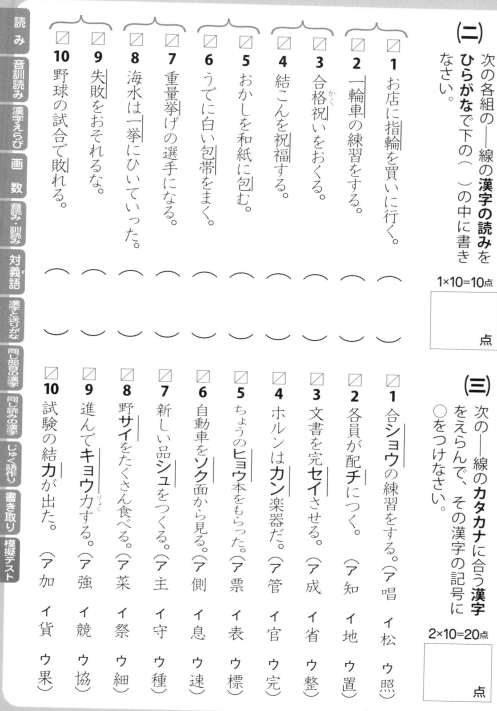

（四）

次の上の漢字の**太い画**のところは**筆順の何画目**か、下の漢字の**総画**《そう》**数は何画**か、**算用数字**（1、2、3…）で下の□の中に書きなさい。

〈例〉午 3　守 6

1×10=10点

1 要□
2 隊□
3 無□
4 成□
5 飛□

6 康□
7 達□
8 働□
9 察□
10 卒□

点

（五）

次の漢字の読みは**音読み**（**ア**）ですか、**訓読み**（**イ**）ですか。**記号**を下の□の中に書きなさい。

〈例〉顔《かお》 イ

2×10=20点

1 巣《す》□
2 郡《ぐん》□
3 害《がい》□
4 愛《あい》□
5 位《くらい》□
6 関《せき》□
7 牧《ぼく》□
8 臣《しん》□
9 努《ど》□
10 例《れい》□

点

（六）

後の□の中のひらがなを漢字になおして、意味が反対や対《つい》になることば（対義《ぎ》語）を書きなさい。□の中のひらがなは**一度だけ**使い、下の（　）の中に**漢字一字**を書きなさい。

〈例〉午前―午□（後）

2×5=10点

中心―1辺（　）
入学―2業（　）
最終―最3（　）
欠ける―4ちる（　）
集まる―5る（　）

しゅう・しょ・そつ・ち・み

点

(七)

次の――線の**カタカナ**を○**の中の漢字と送りがな(ひらがな)**で、下の(　)の中に書きなさい。

〈例〉㊕始 入学式が**ハジマル**。(始まる)

2×7=14点　　点

1 ㊕省 むだを**ハブク**ことは大事だ。(　　)

2 ㊕試 その方法を**ココロミル**。(　　)

3 ㊕争 小さな**アラソイ**が起きた。(　　)

4 ㊕唱 おまじないを**トナエテ**いる。(　　)

5 ㊕治 足のいたみも**オサマッタ**。(　　)

6 ㊕望 **ノゾミ**はパイロットになることだ。(　　)

7 ㊕加 下級生が仲間に**クワワル**。(　　)

(八)

次の**部首のなかまの漢字**で□にあてはまる**漢字一字**を□の中に書きなさい。

〈例〉艹(くさかんむり) [茶]色・転[落]

2×10=20点　　点

ア 木(きへん)

1 北□《きょく》・2 木□《ざい》・3 □《うめ》酒

イ 氵(さんずい)

4 大□《りょう》・5 □《まん》足・6 □《あさ》い・7 □《せい》流

ウ 亻(ぎょうにんべん)

8 直□《けい》・9 生□《と》・10 □《やく》員

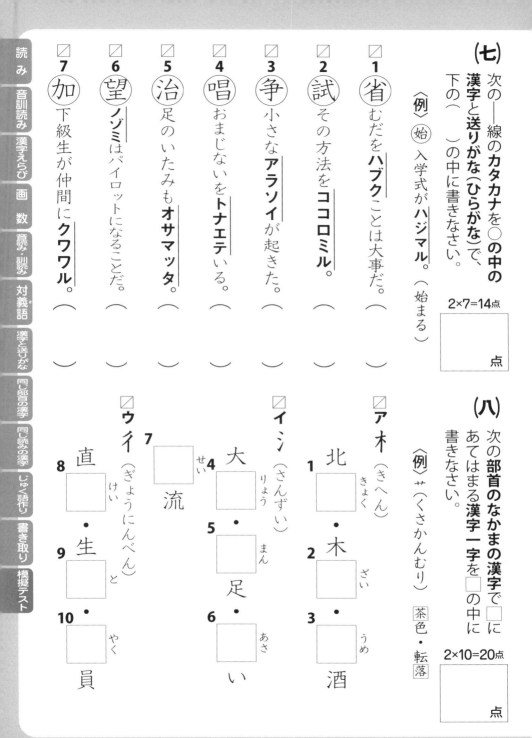

（九）

次の――線の**カタカナ**を**漢字**になおして下の（　）の中に書きなさい。

2×8=16点　　点

1 **キュウ**人情報《じょうほう》をチェックする。（　）

2 **キュウ**食当番を決める。（　）

3 友だちに**シ**会をたのむ。（　）

4 休日に野球の**シ**合がある。（　）

5 三角形の面**セキ**を出す。（　）

6 列車の指定**セキ**をとる。（　）

7 **カ**物を鉄道で運ぶ。（　）

8 放**カ**後に遊ぶ。（　）

（十）

上の漢字と下の□の中の漢字を組み合わせて**二字のじゅく語を二つ作り**、（　）の中に**記号**で書きなさい。

2×10=20点　　点

〈例〉 習

1 習	習 2	ア勉　イ字　ウ決　エ自　オ時	1（エ）　2（イ）

一 牧

1 牧	牧 2	ア場　イ馬　ウ土　エ牛　オ放	1（　）　2（　）

二 成

3 成	成 4	ア完　イ通　ウ春　エ功　オ方	3（　）　4（　）

三 食

5 食	食 6	ア器　イ級　ウ旗　エ急　オ菜	5（　）　6（　）

四 完

7 完	完 8	ア民　イ未　ウ全　エ日　オ引	7（　）　8（　）

五 産

9 産	産 10	ア求　イ今　ウ特　エ業　オ果	9（　）　10（　）

(十) 次の――線の**カタカナ**を**漢字**になおして下の(　)の中に書きなさい。

2×20＝40点

点

1 陽気な**ワラ**い声が聞こえる。(　)

2 強風でかさが**オ**れた。(　)

3 ねこやなぎの**メ**がふくらむ。(　)

4 冷ぞう庫で麦茶を**ヒ**やす。(　)

5 子どもの**ナ**き声がする。(　)

6 イギリス人に**エイ**会話を習う。(　)

7 三**オク**円のたからくじがあたる。(　)

8 どちらから行こうと時間に**サ**はない。(　)

9 旅行の記**ネン**写真をとる。(　)

10 工作の**ザイ**料を買いに行く。(　)

11 ぎょうざのタネを皮で**ツツ**む。(　)

12 工場の機**カイ**化が進んだ。(　)

13 苦**ロウ**して山に登る。(　)

14 いたずらしたことを反**セイ**する。(　)

15 **ハタ**をふっておうえんする。(　)

16 校長先生の祝**ジ**が始まる。(　)

17 じりじりと太陽が**テ**りつける。(　)

18 **アツ**いふろに入る。(　)

19 ゴール前の守りを**カタ**める。(　)

20 **ノコ**りものには福がある(　)

本試験形式

第2回 模擬《もぎ》テスト

目標時間 60分
合かく点 140点

1回目 ／200

2回目 ／200

かい答は別さつ48ページ

(一) 次の――線の**漢字の読み**を**ひらがな**で下の(　)の中に書きなさい。

1×20=20点

点

□ 1 矢印のほうに進む。(　　)
□ 2 ベルトを調節する。(　　)
□ 3 青い熱帯魚をもらった。(　　)
□ 4 愛犬といっしょに走り回る。(　　)
□ 5 電車内に本を置きわすれた。(　　)
□ 6 週末の天気を調べる。(　　)
□ 7 末の子がやっと社会人になる。(　　)
□ 8 成果が出るまで努力する。(　　)
□ 9 虫をじっくりと観察する。(　　)
□ 10 まじないの言葉を唱える。(　　)
□ 11 日本各地の民話を集める。(　　)
□ 12 テレビ番組を録画する。(　　)
□ 13 余《よ》計な説明は省く。(　　)
□ 14 高速道路の料金を調べる。(　　)
□ 15 つかれには安静がなによりだ。(　　)
□ 16 街頭インタビューを受ける。(　　)
□ 17 遠くの親類をたずねる。(　　)
□ 18 初心に返って取り組む。(　　)
□ 19 二か国の国旗をかかげる。(　　)
□ 20 けんかした友人と仲直りする。(　　)

(二) 次の各組の——線の**漢字の読み**を**ひらがな**で下の（　）の中に書きなさい。

1×10=10点

点

1 毎日必ずピアノをひく。（　　）
2 必要なことはメモしておく。（　　）
3 木の枝《えだ》を束ねておく。（　　）
4 約束の日時は過《す》ぎてしまった。（　　）
5 菜の花まつりを見に行く。（　　）
6 菜園のトマトが色づいた。（　　）
7 飛行機に乗って外国に行く。（　　）
8 シャボン玉を飛ばす。（　　）
9 目覚まし時計がなる。（　　）
10 バランス感覚が良い。（　　）

(三) 次の——線の**カタカナ**に合う**漢字**をえらんで、その漢字の記号に○をつけなさい。

2×10=20点

点

1 **コウ**物はくだものだ。（ア 功　イ 好　ウ 幸）
2 **ショウ**明器具を取りかえる。（ア 商　イ 章　ウ 照）
3 自転車で**キョウ**走する。（ア 協　イ 競　ウ 共）
4 ここは**イ**前に来たことがある。（ア 意　イ 衣　ウ 以）
5 犯《はん》人の動**キ**を調べる。（ア 起　イ 機　ウ 記）
6 **キュウ**人に応《おう》ぼする。（ア 求　イ 給　ウ 急）
7 大雨で道路は**フ**通だ。（ア 不　イ 付　ウ 夫）
8 かべにたなを**コ**定する。（ア 庫　イ 固　ウ 戸）
9 この会は**レイ**年開かれる。（ア 例　イ 冷　ウ 礼）
10 **キョウ**台の前にすわる。（ア 京　イ 橋　ウ 鏡）

(四)

次の上の漢字の**太い画**のところは**筆順の何画目**か、下の漢字の**総画**《そう》**数は何画**か、**算用数字**(1、2、3…)で下の□の中に書きなさい。

〈例〉午 3　守 6

1×10=10点

1 旗□

2 兆□

3 果□

4 望□

5 愛□

6 議□

7 願□

8 官□

9 漁□

10 建□

(五)

次の漢字の読みは**音読み**(**ア**)ですか、**訓読み**(**イ**)ですか。**記号**を下の□の中に書きなさい。

〈例〉顔《かお》 イ

2×10=20点

1 夫《おっと》□

2 兵《へい》□

3 民《みん》□

4 節《ふし》□

5 氏《し》□

6 初《はつ》□

7 府《ふ》□

8 梅《うめ》□

9 末《まつ》□

10 勇《ゆう》□

(六)

後の□の中のひらがなを漢字になおして、意味が反対や対《つい》になることば(対義語《ぎ》)を書きなさい。□の中のひらがなは**一度だけ**使い、下の(　)の中に**漢字一字**を書きなさい。

〈例〉午前―午□(後)

2×5=10点

期待―失 1 (　)

主食― 2 食(　)

平和―戦 3 (　)

深い― 4 い(　)

笑う― 5 く(　)

あさ・そう・な・ふく・ぼう

（七）

次の――線の**カタカナ**を○**の中の漢字と送りがな（ひらがな）**で、下の（　）の中に書きなさい。

2×7=14点

〈例〉㊛始 入学式が**ハジマル**。（始まる）

☐ 1 ㊛養 五人の子どもを**ヤシナウ**。（　　　）

☐ 2 ㊛敗 おしくも試合に**ヤブレル**。（　　　）

☐ 3 ㊛帯 重大な使命を**オビル**。（　　　）

☐ 4 ㊛冷 **ツメタイ**そばを食べる。（　　　）

☐ 5 ㊛働 人の三倍は**ハタラク**。（　　　）

☐ 6 ㊛連 横に**ツラナッテ**歩くな。（　　　）

☐ 7 ㊛戦 力を合わせて**タタカウ**。（　　　）

（八）

次の**部首のなかまの漢字**で□にあてはまる**漢字一字**を□の中に書きなさい。

2×10=20点

〈例〉艹（くさかんむり）［茶］色・転［落］

☐ **ア** 广（まだれ）

健 1□《こう》・倉 2□《こ》・3□《ふ》県名

☐ **イ** 亻（にんべん）

4□《しゃっ》金・5□《なか》間・6□《た》人

7□《しん》用

☐ **ウ** 灬（れんが・れっか）

天 8□《ねん》・9□《む》言《ごん》・発 10□《ねつ》

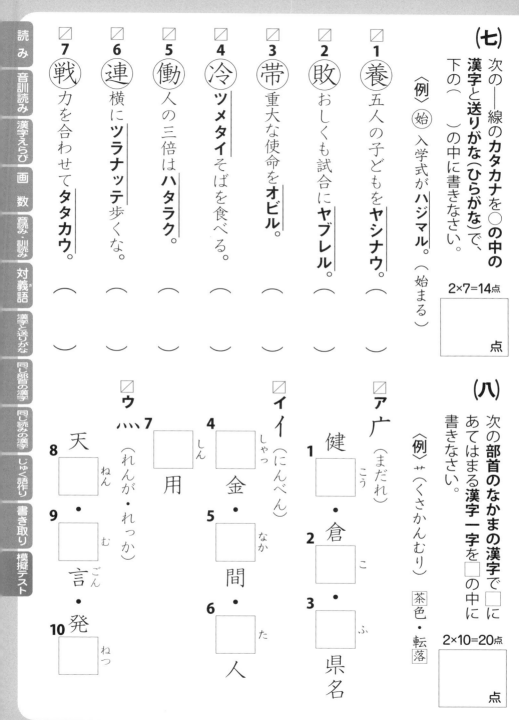

(九) 次の――線の**カタカナ**を**漢字**になおして下の（　）の中に書きなさい。

2×8=16点

点

1 社会的に**セツ**約の時代だ。（　）
2 学校の**セツ**明会に出かける。（　）
3 ラジオの音**リョウ**を下げる。（　）
4 西洋**リョウ**理を注文する。（　）
5 野菜の**ガイ**虫をよぼうする。（　）
6 商店**ガイ**で夏祭りをする。（　）
7 **タイ**風で学校が休みになる。（　）
8 ひざに包**タイ**をまきつける。（　）

(十) 上の漢字と下の□の中の漢字を組み合わせて**二字のじゅく語を二つ作り**、（　）の中に**記号**で書きなさい。

2×10=20点

点

〈例〉 習
ア勉　イ字　ウ決　エ自　オ時
1 習 / 習 2
1（エ） 2（イ）

一 課
ア議　イ日　ウ曜　エ題　オ代
1 課 / 課 2
1（　） 2（　）

二 民
ア十　イ散　ウ住　エ材　オ家
3 民 / 民 4
3（　） 4（　）

三 管
ア血　イ建　ウ里　エ理　オ知
5 管 / 管 6
5（　） 6（　）

四 続
ア化　イ連　ウ上　エ出　オ者
7 続 / 続 8
7（　） 8（　）

五 速
ア建　イ達　ウ化　エ加　オ果
9 速 / 速 10
9（　） 10（　）

読み 音訓読み 漢字えらび 画数 音読み・訓読み 対義語 漢字と送りがな 同じ部首の漢字 同じ読みの漢字 じゅく語作り 書き取り 模擬テスト

(十一) 次の——線のカタカナを漢字になおして下の(　)の中に書きなさい。

2×20=40点

点

1 地球のミ来について考える。(　)
2 ペンギンが南キョクで冬をこす。(　)
3 町内会のイベントにサン加する。(　)
4 ウミガメが上リクした。(　)
5 学ゲイ会でえんげきをする。(　)
6 セツ分で豆をまく。(　)
7 ハク物館ではくせいを見る。(　)
8 この川は海までツヅいている。(　)
9 ツメたい雨がふっている。(　)
10 食材にまんべんなくシオをふる。(　)
11 日本海ガワは大雪のようだ。(　)
12 合かくを家族でイワう。(　)
13 キ関車に連結する。(　)
14 マラソンで世界新記ロクを出す。(　)
15 クレーターの直ケイをはかる。(　)
16 薬のフク作用が気になる。(　)
17 新しい家がカン成した。(　)
18 ボク場で馬に乗った。(　)
19 兄と夕ヤけ空を見上げる。(　)
20 ちりもツもれば山となる(　)

本書記載の情報は制作時点のものです。受検をお考えの方は、必ずご自身で下記の公益財団法人 日本漢字能力検定協会の発表する最新情報をご確認ください。

公益財団法人 日本漢字能力検定協会
【ホームページ】 https://www.kanken.or.jp/
＜本部＞ 京都市東山区祇園町南側 551 番地
ホームページにある「よくある質問」を読んで該当する質問がみつからなければメールフォームでお問合せください。電話でのお問合せ窓口は0120－509－315（無料）です。

◆「漢検」「漢字検定」は公益財団法人 日本漢字能力検定協会の登録商標です。

本書に関する正誤等の最新情報は、下記のアドレスでご確認ください。
https://www.seibidoshuppan.co.jp/info/hkanken7-2304

◉ 上記アドレスに掲載されていない箇所で、正誤についてお気づきの場合は、書名・質問事項・氏名・住所（またはFAX番号）を明記の上、成美堂出版まで郵送またはFAXでお問い合わせください。**お電話でのお問い合わせはお受けできません。**
◉ 内容によってはご質問をいただいてから回答を発送するまでお時間をいただくこともございます。
◉ 本書の内容を超える質問等にはお答えできませんので、あらかじめご了承ください。

よくあるお問い合わせ

Q 持っている辞書に掲載されている部首と、本書に掲載されている部首が違いますが、どちらが正解でしょうか？

A 辞書によっては、部首としているものが異なることがあります。**漢検の採点基準では、「漢検要覧 2～10 級対応 改訂版」（日本漢字能力検定協会発行）で示しているものを正解としています**ので、本書もこの基準に従っています。そのためお持ちの辞書と部首が異なることがあります。

■ 本文デザイン：HOPBOX（福井信明）
■ 本文イラスト：黒はむ
■ 編 集 協 力：knowm

頻出度順 漢字検定７級問題集

編 著 成美堂出版編集部
発行者 深見公子
発行所 成美堂出版
〒162-8445 東京都新宿区新小川町1-7
電話(03)5206-8151 FAX(03)5206-8159
印 刷 大盛印刷株式会社

ISBN978-4-415-23208-9
落丁·乱丁などの不良本はお取り替えします
定価はカバーに表示してあります

頻出度順 漢字検定7級問題集 別さつ

漢字検定 7級

合格ブック

暗記に役立つ!

- 絶《ぜっ》対覚える 7級配当漢字表
- 資料❶ 重要な じゅく字訓《くん》・当て字
- 資料❷ よく出る 画数の問題
- 資料❸ まちがえやすい 画数の形
- 頻《ひん》出度Aランク問題 かい答・かい説
- 頻《ひん》出度Bランク問題 かい答・かい説
- 頻《ひん》出度Cランク問題 かい答・かい説
- 模擬《もぎ》テスト かい答

成美堂出版

← 矢印の方向に引くと、取り外せます。

絶対《ぜっ》覚える 7級配当漢字表 202字

漢字検定7級で出題される漢字です。これは、小学校四年生で習う漢字で、202字あります。漢字の正しいかたち、音読み、訓読み、部首、書き順などを、しっかりとおぼえましょう。

（　）がついた読みは、4級以上の上級に出る読み方で、7級には出題されません。㊥は中学校で学習する読みで4級以上、㊫は高等学校で学習する読みで準2級以上で出題されます。

- 13（画数）
- ア ◀五十音順です
- 愛 ◀漢字
- ［アイ］ ◀読み
  - カタカナは音読み
  - ひらがなは訓読み
  - 黒字は送りがな
  - （　）㊫は高校で学習する読み
  - （　）㊥は中学校で学習する読み
- 心 こころ ◀部首と部首名
- 愛愛愛… ◀書き順
- 博愛《はくあい》・愛用《あいよう》・愛好《あいこう》・愛《あい》する ◀用例
  - 上級の漢字は色がついています

五十音	画数	漢字	読み	部首と部首名	用例
ア	13	愛	［アイ］	心 こころ	博愛《はくあい》・愛用《あいよう》・愛好《あいこう》・愛《あい》する
	10	案	［アン］	木 き	案内《あんない》・案外《あんがい》・名案《めいあん》・文案《ぶんあん》
イ	5	以	［イ］	人 ひと	以前《いぜん》・以上《いじょう》・以来《いらい》・以外《いがい》
	6	衣	［イ］（ころも）㊥	衣 ころも	衣類《いるい》・衣服《いふく》・白衣《はくい》
	7	位	［イ］［くらい］	亻 にんべん	位置《いち》・順位《じゅんい》・地位《ちい》・気位《きぐらい》

茨（9画）

［いばら］

部首：艹　くさかんむり

茨《いばら》城《き》県《けん》・茨《いばら》の道《みち》

印（6画）

［イン］［しるし］

部首：卩　わりふ　ふしづくり

印刷《いんさつ》・印象《いんしょう》
目印《めじるし》・矢印《やじるし》

英（8画）　エ

［エイ］

部首：艹　くさかんむり

英語《えいご》・英国《えいこく》
英会話《えいかいわ》・育英《いくえい》

栄（9画）

［エイ］［さかえる］（はえ）高（はえる）高

部首：木　き

栄光《えいこう》・栄養《えいよう》
光栄《こうえい》・栄《さか》えた町《まち》

媛（12画）

（エン）中

部首：女　おんなへん

愛媛県《えひめけん》

塩（13画）

［エン］［しお］

部首：土　つちへん

塩分《えんぶん》・食塩《しょくえん》
塩水《しおみず》・塩気《しおけ》

岡（8画）　オ

［おか］

部首：山　やま

岡山県《おかやまけん》・静岡県《しずおかけん》
福岡県《ふくおかけん》

億（15画）

［オク］

部首：亻　にんべん

億万長者《おくまんちょうじゃ》
一億《いちおく》・数億《すうおく》

加（5画）　カ

［カ］［くわえる］［くわわる］

部首：力　ちから

加入《かにゅう》・参加《さんか》
力《ちから》を加《くわ》える

果（8画）

［カ］［はたす］［はてる］［はて］

部首：木　き

果実《かじつ》・結果《けっか》
成果《せいか》・地《ち》の果《は》て

画数	漢字	読み	部首	用例	練習
11	貨	[カ]	貝 かい こがい	金貨《きんか》・貨物船《かもつせん》 貨車《かしゃ》・百貨店《ひゃっかてん》	貨貨貨貨貨貨貨貨貨
15	課	[カ]	言 ごんべん	課題《かだい》・放課後《ほうかご》 課長《かちょう》・課目《かもく》	課課課課課課課課課課課課
8	芽	[ガ] [め]	艹 くさかんむり	発芽《はつが》・新芽《しんめ》 芽生《めば》え	芽芽芽芽芽芽芽
12	賀	[ガ]	貝 かい こがい	年賀《ねんが》・祝賀《しゅくが》・年賀状《ねんがじょう》 佐賀県《さがけん》・滋賀県《しがけん》	賀賀賀賀賀賀賀賀賀賀
7	改	[カイ] [あらためる] [あらたまる]	攵 ぼくづくり のぶん	改正《かいせい》・改良《かいりょう》 年《とし》が改《あらた》まる	改改改改改改改
11	械	[カイ]	木 きへん	機械《きかい》・器械《きかい》 工作機械《こうさくきかい》	械械械械械械械械械械
10	害	[ガイ]	宀 うかんむり	水害《すいがい》・有害《ゆうがい》 薬害《やくがい》・害虫《がいちゅう》	害害害害害害害害害
12	街	[ガイ] (カイ)中 [まち]	行 ぎょうがまえ ゆきがまえ	街灯《がいとう》・商店街《しょうてんがい》 市街《しがい》・街角《まちかど》	街街街街街街街街街街街
6	各	[カク] (おのおの)高	口 くち	各自《かくじ》・各人《かくじん》 各地《かくち》・各駅《かくえき》	各各各各各各
12	覚	[カク] [おぼえる] [さます] [さめる]	見 みる	感覚《かんかく》・味覚《みかく》 見覚《みおぼ》え・目覚《めざ》め	覚覚覚覚覚覚覚覚覚覚

15 潟

[かた]

氵 さんずい

新潟県《にいがたけん》

7 完

[カン]

宀 うかんむり

完成《かんせい》・完全《かんぜん》
完敗《かんぱい》・未完《みかん》

8 官

[カン]

宀 うかんむり

長官《ちょうかん》・器官《きかん》
外交官《がいこうかん》

14 管

[カン]
[くだ]

⺮ たけかんむり

管理《かんり》・水道管《すいどうかん》
管楽器《かんがっき》

14 関

[カン]
[かかわる]
[せき]

門 もんがまえ

関係《かんけい》・機関《きかん》
関所《せきしょ》

18 観

[カン]

見 みる

観察《かんさつ》・観賞《かんしょう》
参観《さんかん》・観光《かんこう》

19 願

[ガン]
[ねがう]

頁 おおがい

願望《がんぼう》・願書《がんしょ》
念願《ねんがん》・願《ねが》い事《ごと》

7 岐 キ

(キ)㊥

山 やまへん

岐阜県《ぎふけん》

7 希

[キ]

巾 はば

希望《きぼう》・希求《ききゅう》
希少《きしょう》・古希《こき》

8 季

[キ]

子 こ

季節《きせつ》・四季《しき》
雨季《うき》・年季《ねんき》

画数	漢字	読み	部首	部首名	用例	筆順
14	旗	[キ] [はた]	方	ほうへん かたへん	旗手《きしゅ》・国旗《こっき》 校旗《こうき》・旗日《はたび》	旗旗旗旗旗旗旗旗旗旗旗旗旗旗
15	器	[キ] (うつわ)㊥	口	くち	器官《きかん》・器具《きぐ》 楽器《がっき》・受話器《じゅわき》	器器器器器器器器器器器器器器器
16	機	[キ] (はた)㊥	木	きへん	機械《きかい》・機転《きてん》 動機《どうき》・飛行機《ひこうき》	機機機機機機機機機機機機機機機機
20	議	[ギ]	言	ごんべん	議長《ぎちょう》・議題《ぎだい》 議員《ぎいん》・会議《かいぎ》	議議議議議議議議議議議議議議議議議議議議
7	求	[キュウ] [もとめる]	水	みず	要求《ようきゅう》・求人《きゅうじん》 水《みず》を求《もと》める	求求求求求求求
8	泣	(キュウ)㊥ [なく]	氵	さんずい	泣《な》き虫《むし》・泣《な》き声《ごえ》 泣《な》き言《ごと》	泣泣泣泣泣泣泣泣
12	給	[キュウ]	糸	いとへん	給食《きゅうしょく》・給水《きゅうすい》 給料《きゅうりょう》	給給給給給給給給給給給給
10	挙	[キョ] [あげる] [あがる]	手	て	選挙《せんきょ》・挙手《きょしゅ》 挙式《きょしき》・式《しき》を挙《あ》げる	挙挙挙挙挙挙挙挙挙挙
14	漁	[ギョ] [リョウ]	氵	さんずい	漁船《ぎょせん》・大漁《たいりょう》 漁業《ぎょぎょう》・漁港《ぎょこう》	漁漁漁漁漁漁漁漁漁漁漁漁漁漁
6	共	[キョウ] [とも]	八	は	共通《きょうつう》・公共《こうきょう》 共感《きょうかん》・共食《ともぐ》い	共共共共共共

協

8

[キョウ]

十　じゅう

協力《きょうりょく》・協和《きょうわ》
協会《きょうかい》・協議《きょうぎ》

鏡

19

[キョウ]
[かがみ]

金　かねへん

鏡台《きょうだい》・鏡面《きょうめん》
望遠鏡《ぼうえんきょう》・手鏡《てかがみ》

競

20

[キョウ]
[ケイ]
(きそう)㊥
(せる)㊫

立　たつ

競争《きょうそう》・競走《きょうそう》
競馬《けいば》・競輪《けいりん》

極

12

[キョク] (ゴク)㊥
(きわめる)㊥
(きわまる)㊥
(きわみ)㊥

木　きへん

南極《なんきょく》・北極星《ほっきょくせい》
積極的《せっきょくてき》

熊

ク

14

[くま]

灬　れんが　れっか

熊手《くまで》
熊本県《くまもとけん》

訓

10

[クン]

言　ごんべん

訓練《くんれん》・訓話《くんわ》
特訓《とっくん》・音訓《おんくん》

軍

9

[グン]

車　くるま

軍人《ぐんじん》・軍手《ぐんて》
陸軍《りくぐん》・海軍《かいぐん》

郡

10

[グン]

阝　おおざと

郡部《ぐんぶ》・郡内《ぐんない》
郡司《ぐんじ》

群

13

[グン]
[むれる]
[むれ]
[むら]

羊　ひつじ

大群《たいぐん》・魚《さかな》の群《む》れ
群馬県《ぐんまけん》

径

ケ

8

[ケイ]

彳　ぎょうにんべん

径路《けいろ》・直径《ちょっけい》
半径《はんけい》・口径《こうけい》

漢字	画数	読み	部首	用例
景	12	［ケイ］	日（ひ）	風景《ふうけい》・光景《こうけい》 雪景色《ゆきげしき》
芸	7	［ゲイ］	艹（くさかんむり）	園芸《えんげい》・学芸会《がくげいかい》 手芸《しゅげい》・民芸品《みんげいひん》
欠	4	［ケツ］ ［かける］ ［かく］	欠（あくび・かける）	欠席《けっせき》・欠点《けってん》 病欠《びょうけつ》・欠《か》けら
結	12	［ケツ］ ［むすぶ］ （ゆう）㊥ （ゆわえる）㊥	糸（いとへん）	直結《ちょっけつ》・結末《けつまつ》 結果《けっか》・話《はなし》を結《むす》ぶ
建	9	［ケン］ （コン）㊔ ［たてる］ ［たつ］	廴（えんにょう）	建国《けんこく》・建材《けんざい》 建物《たてもの》・家《いえ》が建《た》つ
健	11	［ケン］ （すこやか）㊥	亻（にんべん）	健康《けんこう》・健全《けんぜん》 健勝《けんしょう》・強健《きょうけん》
験	18	［ケン］ （ゲン）㊔	馬（うまへん）	実験《じっけん》・体験《たいけん》 試験《しけん》・受験《じゅけん》
固	8（コ）	［コ］ ［かためる］ ［かたまる］ ［かたい］	囗（くにがまえ）	固体《こたい》・固定《こてい》 強固《きょうこ》・土《つち》を固《かた》める
功	5	［コウ］ （ク）㊔	力（ちから）	功労《こうろう》・功名《こうみょう》 成功《せいこう》・年功《ねんこう》
好	6	［コウ］ ［このむ］ ［すく］	女（おんなへん）	友好《ゆうこう》・好《す》き 好《この》ましい

サ

香

9

(コウ)中 (キョウ)高
[か]
[かおり]
[かおる]

香 かおり

良《よ》い香《かお》り
香川県《かがわけん》

香香香香香香香香香

候

10

[コウ]
(そうろう)高

亻 にんべん

天候《てんこう》・気候《きこう》
時候《じこう》・兆候《ちょうこう》

候候候候候候候候候候

康

11

[コウ]

广 まだれ

健康《けんこう》・不健康《ふけんこう》
小康《しょうこう》

康康康康康康康康康康康

佐

7

[サ]

亻 にんべん

大佐《たいさ》
佐賀県《さがけん》

佐佐佐佐佐佐佐

差

10

[サ]
[さす]

工 たくみ え

差別《さべつ》・交差点《こうさてん》
大差《たいさ》・日差《ひざ》し

差差差差差差差差差差

菜

11

[サイ]
[な]

艹 くさかんむり

菜食《さいしょく》・野菜《やさい》
白菜《はくさい》・青菜《あおな》

菜菜菜菜菜菜菜菜菜菜菜

最

12

[サイ]
[もっとも]

曰 ひらび いわく

最初《さいしょ》・最近《さいきん》
最終《さいしゅう》・最《もっと》も良《よ》い

最最最最最最最最最最最最

埼

11

[さい]

土 つちへん

埼玉県《さいたまけん》

埼埼埼埼埼埼埼埼埼埼埼

材

7

[ザイ]

木 きへん

取材《しゅざい》・材木《ざいもく》
題材《だいざい》・機材《きざい》

材材材材材材材

崎

11

[さき]

山 やまへん

長崎県《ながさきけん》
宮崎県《みやざきけん》

崎崎崎崎崎崎崎崎崎崎崎

画数	漢字	読み	部首	用例
9	昨	[サク]	日 ひへん	昨日《さくじつ》・昨年《さくねん》 昨夜《さくや》・一昨日《いっさくじつ》
5	札	[サツ] [ふだ]	木 きへん	札束《さつたば》・表札《ひょうさつ》 新札《しんさつ》・名札《なふだ》
8	刷	[サツ] [する]	刂 りっとう	刷新《さっしん》・印刷《いんさつ》 色刷《いろず》り
14	察	[サツ]	宀 うかんむり	察知《さっち》・観察《かんさつ》 考察《こうさつ》・明察《めいさつ》
8	参	[サン] [まいる]	ム む	参加《さんか》・参考《さんこう》 持参《じさん》・はか参《まい》り
11	産	[サン] [うむ] [うまれる] (うぶ)㊫	生 うまれる	産業《さんぎょう》・国産《こくさん》 生産《せいさん》・産《う》み月《づき》
12	散	[サン] [ちる] [ちらす] [ちらかす] [ちらかる]	攵 のぶん ぼくづくり	飛散《ひさん》・散歩《さんぽ》 花《はな》が散《ち》る
10	残	[ザン] [のこる] [のこす]	歹 かばねへん いちたへん がつへん	残念《ざんねん》・残業《ざんぎょう》 無残《むざん》・残《のこ》り物《もの》
4 シ	氏	[シ] (うじ)㊥	氏 うじ	氏名《しめい》・氏族《しぞく》
5	司	[シ]	口 くち	司会《しかい》・司法《しほう》 上司《じょうし》・行司《ぎょうじ》

画数	漢字	読み	部首	用例
13	試	[シ] [こころみる] (ためす)㊥	言 ごんべん	試合《しあい》・試験管《しけんかん》 試着《しちゃく》・試《こころ》み
7	児	[ジ] (ニ)㊥	儿 ひとあし にんにょう	児童《じどう》・育児《いくじ》 園児《えんじ》・男児《だんじ》
8	治	[ジ] [チ] [おさめる] [おさまる] [なおる] [なおす]	氵 さんずい	治安《ちあん》・自治会《じちかい》 国《くに》を治《おさ》める
12	滋	(ジ)㊥	氵 さんずい	滋賀県《しがけん》
13	辞	[ジ] (やめる)㊥	辛 からい	辞書《じしょ》・辞典《じてん》 辞表《じひょう》・式辞《しきじ》
11	鹿	[しか] [か]	鹿 しか	鹿《しか》・鹿の子《かのこ》 鹿児島県《かごしまけん》
5	失	[シツ] [うしなう]	大 だい	失望《しつぼう》・失礼《しつれい》 失敗《しっぱい》・見失《みうしな》う
10	借	[シャク] [かりる]	亻 にんべん	借用《しゃくよう》・借金《しゃっきん》 借《か》り物《もの》・前借《まえが》り
14	種	[シュ] [たね]	禾 のぎへん	種類《しゅるい》・品種《ひんしゅ》 種子《しゅし》・種本《たねほん》
8	周	[シュウ] [まわり]	口 くち	周囲《しゅうい》・周辺《しゅうへん》 周知《しゅうち》・家《いえ》の周《まわ》り

祝 (9)

[シュク] (シュウ)(高) [いわう]

ネ しめすへん

祝日《しゅくじつ》・祝福《しゅくふく》
祝《いわ》い事《ごと》・前祝《まえいわ》い

順 (12)

[ジュン]

頁 おおがい

順位《じゅんい》・順番《じゅんばん》
順調《じゅんちょう》・道順《みちじゅん》

初 (7)

[ショ] [はじめ] [はじめて] [はつ] (そめる)(中) (うい)(高)

刀 かたな

初歩《しょほ》・最初《さいしょ》
初耳《はつみみ》・初《はつ》もうで

松 (8)

[ショウ] [まつ]

木 きへん

松竹梅《しょうちくばい》・松葉《まつば》
松原《まつばら》・松風《まつかぜ》

笑 (10)

(ショウ)(中) [わらう] (えむ)(中)

⺮ たけかんむり

笑《わら》い声《ごえ》・笑《わら》い話《ばなし》
苦笑《にがわら》い

唱 (11)

[ショウ] [となえる]

口 くちへん

合唱《がっしょう》・熱唱《ねっしょう》
異《い》を唱《とな》える

焼 (12)

(ショウ)(中) [やく] [やける]

火 ひへん

夕焼《ゆうや》け・日焼《ひや》け
山焼《やまや》き

照 (13)

[ショウ] [てる] [てらす] [てれる]

灬 れんが れっか

照明《しょうめい》・日照《にっしょう》
参照《さんしょう》・日照《ひで》り

城 (9)

[ジョウ] [しろ]

土 つちへん

城門《じょうもん》・城下町《じょうかまち》
茨城県《いばらきけん》・宮城県《みやぎけん》

縄 (15)

(ジョウ)(中) [なわ]

糸 いとへん

沖縄県《おきなわけん》

画数	漢字	読み	部首	用例
7	臣	[シン] [ジン]	臣 しん	臣下《しんか》・家臣《かしん》 重臣《じゅうしん》・大臣《だいじん》
9	信	[シン]	亻 にんべん	信用《しんよう》・自信《じしん》 信号《しんごう》・通信《つうしん》
4	井	(セイ)(高) (ショウ)(中) [い]	二 に	井戸《いど》・福井県《ふくいけん》
6	成	[セイ] (ジョウ)(高) [なる] [なす]	戈 ほこづくり ほこがまえ	成長《せいちょう》・成功《せいこう》 完成《かんせい》・成《な》り行《ゆ》き
9	省	[セイ] [ショウ] [はぶく] (かえりみる)(中)	目 め	反省《はんせい》・帰省《きせい》 手間《てま》を省《はぶ》く
11	清	[セイ] (ショウ)(高) [きよい] [きよまる] [きよめる]	氵 さんずい	清書《せいしょ》・清流《せいりゅう》 身《み》を清《きよ》める
14	静	[セイ] (ジョウ)(中) [しず] [しずか] [しずまる] [しずめる]	青 あお	静止《せいし》・冷静《れいせい》 静《しず》か・静《しず》けさ
10	席	[セキ]	巾 はば	出席《しゅっせき》・打席《だせき》 空席《くうせき》・助手席《じょしゅせき》
16	積	[セキ] [つむ] [つもる]	禾 のぎへん	体積《たいせき》・積極的《せっきょくてき》 雪《ゆき》が積《つ》もる
7	折	[セツ] [おる] [おり] [おれる]	扌 てへん	左折《させつ》・曲折《きょくせつ》 木《き》が折《お》れる

画数	漢字	読み	部首	用例
13	節	[セツ] (セチ)高 [ふし]	⺮ たけかんむり	節分《せつぶん》・節約《せつやく》 季節《きせつ》・節目《ふしめ》
14	説	[セツ] (ゼイ)高 [とく]	言 ごんべん	説明《せつめい》・説教《せっきょう》 伝説《でんせつ》・道《みち》を説《と》く
9	浅	(セン)中 [あさい]	氵 さんずい	浅緑《あさみどり》・浅黒《あさぐろ》い 浅《あさ》はか・遠浅《とおあさ》
13	戦	[セン] [たたかう] (いくさ)中	戈 ほこづくり ほこがまえ	作戦《さくせん》・熱戦《ねっせん》 合戦《かっせん》・悪《あく》と戦《たたか》う
15	選	[セン] [えらぶ]	辶 しんにょう しんにゅう	選手《せんしゅ》・選挙《せんきょ》 入選《にゅうせん》・品《しな》を選《えら》ぶ
12	然	[ゼン] [ネン]	灬 れんが れっか	自然《しぜん》・天然《てんねん》 整然《せいぜん》・当然《とうぜん》

ソ

画数	漢字	読み	部首	用例
6	争	[ソウ] [あらそう]	亅 はねぼう	争議《そうぎ》・競争《きょうそう》 戦争《せんそう》・口争《くちあらそ》い
10	倉	[ソウ] [くら]	人 ひとやね	倉庫《そうこ》・船倉《せんそう》《ふなぐら》 倉荷《くらに》
11	巣	(ソウ)高 [す]	⺍ つかんむり	巣箱《すばこ》・巣作《すづく》り 巣立《すだ》ち・古巣《ふるす》
7	束	[ソク] [たば]	木 き	結束《けっそく》・約束《やくそく》 花束《はなたば》・札束《さつたば》

11

側

[ソク]
[がわ]

亻 にんべん

側面《そくめん》・側線《そくせん》
内側《うちがわ》・窓側《まどがわ》

側側側側側側側側側側側

13

続

[ゾク]
[つづく]
[つづける]

糹 いとへん

連続《れんぞく》・続行《ぞっこう》
手続《てつづ》き

続続続続続続続続続続続続続

8

卒

[ソツ]

十 じゅう

卒業《そつぎょう》・高卒《こうそつ》
大卒《だいそつ》・新卒《しんそつ》

卒卒卒卒卒卒卒卒

10

孫

[ソン]
[まご]

子 こへん

子孫《しそん》・孫子《まごこ》の代《だい》
内孫《うちまご》《ないそん》・外孫《そとまご》《がいそん》

孫孫孫孫孫孫孫孫孫孫

10 タ

帯

[タイ]
[おびる]
[おび]

巾 はば

包帯《ほうたい》・熱帯魚《ねったいぎょ》
一帯《いったい》・黒帯《くろおび》

帯帯帯帯帯帯帯帯帯帯

12

隊

[タイ]

阝 こざとへん

兵隊《へいたい》・隊員《たいいん》
音楽隊《おんがくたい》

隊隊隊隊隊隊隊隊隊隊隊隊

12

達

[タツ]

辶 しんにょう しんにゅう

発達《はったつ》・配達《はいたつ》
伝達《でんたつ》・友達《ともだち》

達達達達達達達達達達達達

9

単

[タン]

⺍ つかんむり

単語《たんご》・単位《たんい》
単調《たんちょう》・単線《たんせん》

単単単単単単単単単

13 チ

置

[チ]
[おく]

罒 あみがしら あみめ よこめ

位置《いち》・配置《はいち》
置物《おきもの》・物置《ものおき》

置置置置置置置置置置置置置

6

仲

(チュウ)㊥
[なか]

亻 にんべん

仲間《なかま》・仲良《なかよ》し
仲直《なかなお》り

仲仲仲仲仲仲

画数	漢字	読み	部首	用例	筆順
7	沖	(チュウ)高 ［おき］	氵 さんずい	沖合《おきあ》い・沖縄県《おきなわけん》	沖沖沖沖沖沖沖
6	兆	［チョウ］ (きざし)高 (きざす)高	儿 ひとあし にんにょう	兆候《ちょうこう》・前兆《ぜんちょう》・一兆円《いっちょうえん》	兆兆兆兆兆兆
テ 7	低	［テイ］ ［ひくい］ ［ひくめる］ ［ひくまる］	亻 にんべん	低音《ていおん》・最低《さいてい》・低下《ていか》・低《ひく》い声《こえ》	低低低低低低低
8	底	［テイ］ ［そこ］	广 まだれ	海底《かいてい》・底辺《ていへん》・底冷《そこび》え・底力《そこぢから》	底底底底底底底底
8	的	［テキ］ ［まと］	白 しろ	的中《てきちゅう》・自主的《じしゅてき》・目的《もくてき》・的外《まとはず》れ	的的的的的的的的
8	典	［テン］	八 は	辞典《じてん》・祭典《さいてん》・式典《しきてん》・古典《こてん》	典典典典典典典典
6	伝	［デン］ ［つたわる］ ［つたえる］ ［つたう］	亻 にんべん	伝説《でんせつ》・駅伝《えきでん》・手伝《てつだ》う・言《い》い伝《つた》え	伝伝伝伝伝伝
ト 10	徒	［ト］	彳 ぎょうにんべん	徒歩《とほ》・徒競走《ときょうそう》・生徒《せいと》・徒労《とろう》	徒徒徒徒徒徒徒徒徒徒
7	努	［ド］ ［つとめる］	力 ちから	努力《どりょく》・努力家《どりょくか》・学習《がくしゅう》に努《つと》める	努努努努努努努
6	灯	［トウ］ (ひ)高	火 ひへん	灯台《とうだい》・灯油《とうゆ》・電灯《でんとう》・街灯《がいとう》	灯灯灯灯灯灯

13	働	[ドウ] [はたらく]	亻 にんべん	労働《ろうどう》・実働《じつどう》 共働《ともばたら》き	
10	特	[トク]	牛 うしへん	特別《とくべつ》・特産物《とくさんぶつ》 特色《とくしょく》・特典《とくてん》	
14	徳	[トク]	彳 ぎょうにんべん	道徳《どうとく》・人徳《じんとく》 徳島県《とくしまけん》	
9	栃	[とち]	木 きへん	栃《とち》の実《み》 栃木県《とちぎけん》	
8	奈	[ナ]	大 だい	神奈川県《かながわけん》 奈良県《ならけん》	ナ
11	梨	[なし]	木 き	洋梨《ようなし》・山梨県《やまなしけん》	
15	熱	[ネツ] [あつい]	灬 れんが れっか	熱望《ねつぼう》・熱唱《ねっしょう》 熱中《ねっちゅう》・熱《あつ》いお茶《ちゃ》	ネ
8	念	[ネン]	心 こころ	記念《きねん》・念願《ねんがん》 残念《ざんねん》・入念《にゅうねん》	
11	敗	[ハイ] [やぶれる]	攵 のぶん ぼくづくり	失敗《しっぱい》・完敗《かんぱい》 敗《やぶ》れ去《さ》る	ハ
10	梅	[バイ] [うめ]	木 きへん	入梅《にゅうばい》・梅園《ばいえん》 梅酒《うめしゅ》・梅《うめ》の木《き》	

博（12画）
- 読み：［ハク］（バク）㊄
- 部首：十（じゅう）
- 用例：博物館《はくぶつかん》・博愛《はくあい》　博学《はくがく》・医博《いはく》
- 筆順：博博博博博博博博博博博博

阪（7画）
- 読み：（ハン）㊥
- 部首：阝（こざとへん）
- 用例：大阪府《おおさかふ》
- 筆順：阪阪阪阪阪阪阪

飯（12画）
- 読み：［ハン］［めし］
- 部首：飠（しょくへん）
- 用例：飯台《はんだい》・赤飯《せきはん》　飯時《めしどき》・焼《や》き飯《めし》
- 筆順：飯飯飯飯飯飯飯飯飯飯飯飯

ヒ

飛（9画）
- 読み：［ヒ］［とぶ］［とばす］
- 部首：飛（とぶ）
- 用例：飛行《ひこう》・飛散《ひさん》　高飛《たかと》び
- 筆順：飛飛飛飛飛飛飛飛飛

必（5画）
- 読み：［ヒツ］［かならず］
- 部首：心（こころ）
- 用例：必要《ひつよう》・必読《ひつどく》　必死《ひっし》・必《かなら》ず勝《か》つ
- 筆順：必必必必必

票（11画）
- 読み：［ヒョウ］
- 部首：示（しめす）
- 用例：票数《ひょうすう》・投票《とうひょう》　開票《かいひょう》・伝票《でんぴょう》
- 筆順：票票票票票票票票票票票

標（15画）
- 読み：［ヒョウ］
- 部首：木（きへん）
- 用例：標本《ひょうほん》・標語《ひょうご》　標高《ひょうこう》・目標《もくひょう》
- 筆順：標標標標標標標標標標標標標標標

フ

不（4画）
- 読み：［フ］［ブ］
- 部首：一（いち）
- 用例：不安《ふあん》・不思議《ふしぎ》　不服《ふふく》・不通《ふつう》
- 筆順：不不不不

夫（4画）
- 読み：［フ］（フウ）㊥［おっと］
- 部首：大（だい）
- 用例：夫人《ふじん》・水夫《すいふ》　夫《おっと》の母《はは》
- 筆順：夫夫夫夫

付（5画）
- 読み：［フ］［つける］［つく］
- 部首：亻（にんべん）
- 用例：付近《ふきん》・付録《ふろく》　受付《うけつけ》・日付《ひづけ》
- 筆順：付付付付付

府
8
[フ]
广 まだれ
府県《ふけん》・府立《ふりつ》
府議《ふぎ》
府府府府府府府府

阜
8
[フ]
阜 おか
岐阜県《ぎふけん》
阜阜阜阜阜阜阜阜

富
12
[フ]
(フウ)高
[とむ]
[とみ]
宀 うかんむり
富山県《とやまけん》
富富富富富富富富富富富富

副
11
[フク]
刂 りっとう
副賞《ふくしょう》・副食《ふくしょく》
副業《ふくぎょう》・副作用《ふくさよう》
副副副副副副副副副副副

兵
へ
7
[ヘイ]
[ヒョウ]
八 は
兵隊《へいたい》・兵士《へいし》
兵器《へいき》・出兵《しゅっぺい》
兵兵兵兵兵兵兵

別
7
[ベツ]
[わかれる]
刂 りっとう
特別《とくべつ》・送別会《そうべつかい》
差別《さべつ》・別《わか》れ道《みち》
別別別別別別別

辺
5
[ヘン]
[あたり]
[べ]
辶 しんにょう しんにゅう
周辺《しゅうへん》・一辺《いっぺん》
岸辺《きしべ》・この辺《あた》り
辺辺辺辺辺

変
9
[ヘン]
[かわる]
[かえる]
夂 すいにょう ふゆがしら
変化《へんか》・急変《きゅうへん》
変《か》わり身《み》
変変変変変変変変変

便
9
[ベン]
[ビン]
[たより]
亻 にんべん
便利《べんり》・航空便《こうくうびん》
花《はな》の便《たよ》り
便便便便便便便便便

包
ホ
5
[ホウ]
[つつむ]
勹 つつみがまえ
包帯《ほうたい》・包囲《ほうい》
小包《こづつみ》・包《つつ》み紙《がみ》
包包包包包

行	漢字	画数	読み	部首	用例	筆順
	法	8	［ホウ］（ハッ）㊬（ホッ）㊬	氵 さんずい	方法《ほうほう》・法王《ほうおう》 法案《ほうあん》・健康法《けんこうほう》	法法法法法法法法
	望	11	［ボウ］（モウ）㊥［のぞむ］	月 つき	望遠《ぼうえん》・希望《きぼう》 失望《しつぼう》・海《うみ》を望《のぞ》む	望望望望望望望望望望望
	牧	8	［ボク］（まき）㊥	牜 うしへん	牧場《ぼくじょう》・牧草《ぼくそう》 牧牛《ぼくぎゅう》・放牧《ほうぼく》	牧牧牧牧牧牧牧牧
マ	末	5	［マツ］（バツ）㊬［すえ］	木 き	結末《けつまつ》・粉末《ふんまつ》 末《すえ》っ子《こ》	末末末末末
	満	12	［マン］［みちる］［みたす］	氵 さんずい	満員《まんいん》・満席《まんせき》 水《みず》を満《み》たす	満満満満満満満満満満満満
ミ	未	5	［ミ］	木 き	未来《みらい》・未明《みめい》 未知《みち》・未完成《みかんせい》	未未未未未
	民	5	［ミン］（たみ）㊥	氏 うじ	住民《じゅうみん》・民話《みんわ》 公民館《こうみんかん》・民宿《みんしゅく》	民民民民民
ム	無	12	［ム］［ブ］［ない］	灬 れんが れっか	無理《むり》・無数《むすう》 無事《ぶじ》・台無《だいな》し	無無無無無無無無無無無無
ヤ	約	9	［ヤク］	糸 いとへん	約束《やくそく》・予約《よやく》 節約《せつやく》・公約《こうやく》	約約約約約約約約約
ユ	勇	9	［ユウ］［いさむ］	力 ちから	勇気《ゆうき》・勇士《ゆうし》 勇者《ゆうしゃ》・勇《いさ》み足《あし》	勇勇勇勇勇勇勇勇勇

ヨ

要（9）

[ヨウ]
[かなめ]
(いる)㊥

覀　おおいかんむり

要点《ようてん》・必要《ひつよう》
チームの要《かなめ》

要要要要要要要要要

養（15）

[ヨウ]
[やしなう]

食　しょく

栄養《えいよう》・養分《ようぶん》
静養《せいよう》・子《こ》を養《やしな》う

養養養養養養養養養養養養養養養

浴（10）

[ヨク]
[あびる]
[あびせる]

氵　さんずい

浴室《よくしつ》・浴場《よくじょう》
入浴《にゅうよく》・水浴《みずあ》び

浴浴浴浴浴浴浴浴浴浴

リ

利（7）

[リ]
(きく)㊫

刂　りっとう

利用《りよう》・利点《りてん》
便利《べんり》・有利《ゆうり》

利利利利利利利

陸（11）

[リク]

阝　こざとへん

陸上《りくじょう》・陸地《りくち》
陸橋《りっきょう》・着陸《ちゃくりく》

陸陸陸陸陸陸陸陸陸陸陸

良（7）

[リョウ]
[よい]

艮　ねづくり／こんづくり

良心《りょうしん》・改良《かいりょう》
仲良《なかよ》し

良良良良良良良

料（10）

[リョウ]

斗　とます

材料《ざいりょう》・料理《りょうり》
原料《げんりょう》・使用料《しようりょう》

料料料料料料料料料料

量（12）

[リョウ]
[はかる]

里　さと

計量《けいりょう》・交通量《こうつうりょう》
量《はか》り売《う》り

量量量量量量量量量量量量

輪（15）

[リン]
[わ]

車　くるまへん

大輪《たいりん》・輪唱《りんしょう》
首輪《くびわ》・輪投《わな》げ

輪輪輪輪輪輪輪輪輪輪輪輪輪輪輪

ル

類（18）

[ルイ]
[たぐい]

頁　おおがい

親類《しんるい》・衣類《いるい》
小動物《しょうどうぶつ》の類《たぐ》い

類類類類類類類類類類類類類類類類類類

画数	漢字	読み	部首	用例
5	令 (レ)	[レイ]	人 ひとやね	命令《めいれい》・号令《ごうれい》 指令《しれい》・発令《はつれい》
7	冷	[レイ] [つめたい] [ひえる] [ひや] [ひやす] [ひやかす] [さめる] [さます]	冫 にすい	冷静《れいせい》・底冷《そこび》え 冷《ひ》や水《みず》・冷《さ》めたお茶《ちゃ》
8	例	[レイ] [たとえる]	亻 にんべん	例年《れいねん》・例会《れいかい》 実例《じつれい》・例《たと》えば
10	連	[レン] [つらなる] [つらねる] [つれる]	辶 しんにょう しんにゅう	連続《れんぞく》・連日《れんじつ》 山《やま》が連《つら》なる
6	老 (ロ)	[ロウ] [おいる] (ふける)㊔	耂 おいかんむり おいがしら	老人《ろうじん》・老後《ろうご》 長老《ちょうろう》・老《お》い先《さき》
7	労	[ロウ]	力 ちから	労働《ろうどう》・労力《ろうりょく》 苦労《くろう》・功労《こうろう》
16	録	[ロク]	金 かねへん	録画《ろくが》・付録《ふろく》 記録的《きろくてき》・登録《とうろく》

資料1

重要な じゅく字訓・当て字

「読み」や「書き取り」などでは、じゅく字訓・当て字の問題もよく出題されます。

使い方▼読みの部分をかくして、読めるかどうかチェックしてみましょう。

漢字	読み
明日	あす
大人	おとな
母さん	かあさん
川原	かわら
昨日	きのう
今日	きょう
果物	くだもの
今朝	けさ
景色	けしき
今年	ことし
清水	しみず
上手	じょうず
七夕	たなばた
一日	ついたち
手伝う	てつだう
父さん	とうさん
時計	とけい
友達	ともだち
兄さん	にいさん
姉さん	ねえさん
二十日	はつか
一人	ひとり
二人	ふたり
二日	ふつか
下手	へた
部屋	へや
真面目	まじめ
真っ赤	まっか
真っ青	まっさお
八百屋	やおや

資料2

よく出る 画数の問題

7級では、書き順と総《そう》画数の問題が出題されます。正しい書き順と書き方を覚えれば、総《そう》画数は自然にわかるようになります。

使い方▼総《そう》画数と書き順をかくしてチェックしてみましょう。

＊のついた所は出題されたことがあります。

漢字	総《そう》画数	書き順
械	11	
郡	10	
案	10	
臣	7	
隊	12	
兆	6	
博	12	
陸	11	
差	10	

建	老	無	別	単	要
9	6	12	7	9	9

努	軍	成	果	牧	察
7	9	6	8	8	14

資料3

まちがえやすい 画数の形

総《そう》画数をまちがえやすい漢字を集めました。おさらいしておきましょう。

使い方▼上のまちがえやすい文字の形に注意して、総《そう》画数をチェックしていきましょう。

文字の形 ／ 漢字と総《そう》画数

● 1画で書く

文字の形	漢字と総画数
㇇	欠→4画
㇆	印→6画、加→5画、的→8画、労→7画
𠃌	関→14画、司→5画
㇆	固→8画
㇄	札→5画、兆→6画
㇜	芸→7画、法→8画
㇗	置→13画
く	案→10画、好→6画、梅→10画、要→9画

● 2画で書く

文字の形	漢字と総画数
𠄌	氏→4画、底→8画
了	好→6画、孫→10画
レ	以→5画

● 3画で書く

文字の形	漢字と総画数
辶	選→15画、達→12画
廴	建→9画、健→11画
阝	郡→10画、隊→12画

本さつ 14〜15ページ A 読み①

1 な
2 つめ
3 わら
4 うめ
5 じてん
6 けんこう
7 か
8 あさ
9 つつ
10 たね
11 と
12 め
13 かなら
14 なかよ
15 やしな
16 さ
17 お
18 か
19 かがみ
20 ひ
21 はじ
22 ふうけい
23 す
24 かんしん
25 しず
26 つ
27 つと
28 あつ
29 もっと
30 かくち
31 かんこう
32 た
33 あ
34 はた
35 なお
36 あた
37 のこ
38 まと
39 いんさつ
40 はなたば
41 あ
42 やぶ

かい説

8 「浅い川も深くわたれ」は、何か行うときには、どんなささいなことでも決して油断《だん》してはならないというたとえ。

11 「飛ぶ鳥を落とすいきおい」は、いきおいがさかんな様子。

本さつ 16〜17ページ A 読み②

1 がっしょう
2 しぜん
3 つづ
4 たよ
5 まわ
6 まちかど
7 もと
8 こころ
9 いわ
10 す
11 お
12 はたら
13 くんれん
14 とほ
15 しゅくじつ
16 ほうぼく
17 たてもの
18 あいけん
19 さ
20 さいてん
21 しんるい
22 なかなお

23 はくぶつかん
24 あらた
25 す
26 せいりゅう
27 つ
28 さか
29 おぼ
30 ねが
31 かだい
32 て
33 はぶ
34 たば
35 まご
36 いち

37 かんさつ
38 きせつ
39 むす
40 てんねん
41 きろくてき
42 きょうりょく

かい説

16 「放牧」は、牛や馬などを放しがいにすること。

27 「ちりも積もれば山となる」は、ちりのような小さなものでもたくさん積もれば山になるということ。

本さつ 18〜19ページ

A 読み③

1 まい
2 ち
3 や
4 おび
5 つ
6 だいじん
7 た
8 か
9 て
10 かんせい
11 ぎょこう
12 さんぽ

13 う
14 そつぎょう
15 たんい
16 てんこう
17 つた
18 わか
19 やじるし
20 ゆうや
21 がいとう
22 たいけん
23 お
24 お

25 ひく
26 しお
27 ぐんて
28 こっき
29 しゅうまつ
30 まつ
31 どりょく
32 とうひょう
33 とうだい
34 せんしゅ
35 とくさんひん
36 ねん
37 む
38 いさ

39 しろ
40 と
41 いるい
42 あらた

かい説

21 「街頭」は、まちの通り。まちの中。

23 「赤みを帯びる」は、うす赤い色をもっている様子。

33 「灯台もと暗し」は、身近なことはかえって気が付かないことの例え。

36 「念には念を入れよ」は、注意したうえにも、さらに注意せよということ。

本さつ 20~21ページ

A 音訓読み①

1 けっか
2 むす
3 かいさつぐち
4 あらた
5 よくしつ
6 あ
7 かんかく
8 おぼ
9 ほうち
10 お
11 かこう
12 くわ
13 しゅくじつ
14 いわ
15 まんいん
16 み
17 れんきゅう
18 つら
19 やくそく
20 たば
21 ほうちょう
22 つつ
23 いちりんしゃ
24 わ
25 けっせき
26 か
27 ねったいぎょ
28 あつ
29 こうぶつ
30 この
31 ざんねん
32 のこ
33 べんり
34 たよ
35 あんせい
36 しず

本さつ 22~23ページ

A 音訓読み②

1 いんさつ
2 しるし
3 やさい
4 な
5 へんか
6 か
7 ひつよう
8 かなら
9 えんぶん
10 しお
11 こてい
12 かた
13 しょほ
14 はじ
15 せいりゅう
16 きよ
17 ほうたい
18 おび
19 どりょく
20 つと
21 がんしょ
22 ねが
23 さいご
24 もっと
25 せんきょ
26 あ
27 しょうめい
28 て
29 きぼう
30 のぞ
31 さんか
32 まい
33 させつ
34 お
35 しゅうまつ
36 すえ

かい説

21「願書」は、許可《きょか》を得《え》るために提出《ていしゅつ》する書類のこと。

本さつ 24~25ページ A 漢字えらび①

1	2	3	4	5	6	7	8	9	10	11	12
イ	ア	イ	ア	ア	ウ	イ	ア	ア	イ	イ	ア

13	14	15	16	17	18	19	20	21	22	23	24
ウ	ウ	ウ	ア	イ	ウ	ア	イ	ア	イ	イ	ウ

25	26	27	28
ア	ウ	ウ	イ

本さつ 26~27ページ A 漢字えらび②

1	2	3	4	5	6	7	8	9	10	11	12
イ	ア	ア	ウ	ウ	ア	ウ	ウ	ウ	ウ	ウ	ア

13	14	15	16	17	18	19	20	21	22	23	24
イ	イ	イ	ウ	ア	ウ	イ	イ	イ	ウ	イ	イ

25	26	27	28
イ	ウ	イ	イ

本さつ 28~29ページ A 画数①

1	2	3	4	5	6	7	8	9	10	11	12
4	8	4	5	8	8	3	5	5	5	3	9

13	14	15	16	17	18	19	20	21	22	23	24
8	3	3	7	3	9	13	6	6	4	7	7

25	26	27	28	29	30	31	32	33	34	35	36
4	10	10	5	8	12	1	6	12	3	8	7

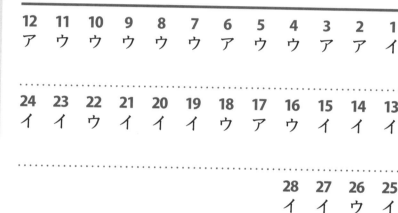

37	38	39	40	41	42	43	44	45	46	47	48	49	50
12	3	9	4	5	18	6	7	9	8	6	8	3	7

51	52	53	54	55	56	57	58	59	60	61	62	63	64
8	3	7	5	5	12	10	18	18	20	14	16	13	15

65	66	67	68	69	70
20	12	19	13	16	11

本さつ 30~31ページ

A 画数②

1	2	3	4	5	6	7	8	9	10	11	12
10	4	5	6	1	7	4	13	6	5	10	5

13	14	15	16	17	18	19	20	21	22	23	24
9	6	7	9	10	12	4	5	7	9	4	4

25	26	27	28	29	30	31	32	33	34	35	36
3	10	7	4	7	7	5	10	3	8	1	6

37	38	39	40	41	42	43	44	45	46	47	48	49	50
12	6	8	8	7	8	6	4	8	12	9	14	13	10

51	52	53	54	55	56	57	58	59	60	61	62	63	64
8	3	3	4	12	10	10	18	14	11	12	9	11	15

65	66	67	68	69	70
15	12	10	15	11	13

本さつ 32~33ページ

A 画数③

1	2	3	4	5	6	7	8	9	10	11	12
10	8	11	3	9	5	7	5	8	9	9	8

13	14	15	16	17	18	19	20	21	22	23	24
9	11	6	3	6	4	4	4	4	6	3	5

25	26	27	28	29	30	31	32	33	34	35	36
8	4	2	5	4	4	9	9	3	8	6	5

37	38	39	40	41	42	43	44	45	46	47	48	49	50
13	3	8	3	12	4	11	3	11	5	8	6	8	6

51	52	53	54	55	56	57	58	59	60	61	62	63	64
2	9	10	3	11	4	11	15	12	7	15	9	15	14

65	66	67	68	69	70
19	10	5	13	10	12

本さつ 34~35ページ

A 音読み・訓読み①

1	2	3	4	5	6	7	8	9	10	11	12	13	14	15	16
イ	イ	イ	イ	イ	イ	イ	イ	イ	ア	イ	イ	イ	イ	イ	イ

17	18	19	20	21	22	23	24	25	26	27	28	29	30	31	32
イ	イ	イ	イ	イ	イ	ア	ア	イ	イ	イ	イ	イ	イ	イ	ア

33	34	35	36	37	38	39	40	41	42	43	44	45	46	47	48
イ	ア	ア	ア	イ	ア	ア	ア	ア	ア	ア	ア	ア	ア	イ	ア

本さつ 36~37ページ

A 対義語《ぎ》①

1

1 笑う

2 陸路

3 着席

4 戦争

5 周辺

2

6 低い

7 交差

8 生徒

9 失敗

10 未定

3

11 天然

12 差別

4

13 大陸

14 健康

15 敗北

16 無名

17 全敗

18 副食

19 最初

20 昨年

21 失望

22 無害

本さつ 38~39ページ

A 対義語《ぎ》②

1

1 健康

2 無料

3 浅い

4 昨日

5 続行

2

6 自然

7 散る

8 満ちる

9 欠席

10 最低

3

11 周辺

12 戦争

4

13 失望

14 泣く

15 卒業

16 便利

17 最良

18 低下

19 年末

20 必要

21 冷たい

22 成功

本さつ 40~41ページ

A 漢字と送りがな①

1 祝う

2 静かな

3 借りる

4 働く

5 包む

6 浴びる

7 冷たい

8 改める

9 必ず

10 失う

11 求める

12 焼ける

13 養う

14 覚える

15 戦う

16 建てる

17 争う

18 努める

19 覚める

20 欠ける

21 伝える

22 栄える

23 試みる

24 唱える

25 照らす
26 浅い
27 加える
28 治まる
29 折れる
30 選ぶ

かい説
3 × 借る
8 × 改ためる
10 × 失なう

本さつ 42~43ページ

A 同じ部首の漢字①

ア 1 手芸 2 英語 3 発芽
イ 4 連休 5 上達 6 海辺
ウ 7 直径 8 生徒 9 道徳
エ 10 副食 11 便利 12 印刷
オ 13 南極 14 材料 15 表札 16 目標
カ 17 予約 18 給食 19 結果
キ 20 会議 21 課題 22 説明
ク 23 漁業 24 清流 25 入浴 26 満足
ケ 27 血管 28 季節 29 笑い声
コ 30 観察 31 民宿 32 客間

本さつ 44~45ページ

A 同じ部首の漢字②

ア 1 自然 2 無理 3 熱心
イ 4 健康 5 海底 6 府県名
ウ 7 害虫 8 完全 9 外交官
エ 10 選手 11 高速 12 追求
オ 13 松林 14 機会 15 機械 16 梅酒
カ 17 勝敗 18 散歩 19 改良
キ 20 野菜 21 苦労 22 荷物
ク 23 自信 24 仲間 25 気候 26 一億円
ケ 27 苦労 28 勇気 29 努力
コ 30 司会 31 食器 32 周辺

本さつ46~47ページ A 同じ読みの漢字①

1 位 2 衣 3 以 4 医 5 委 6 唱 7 照 8 消 9 器 10 機 11 期 12 希

13 旗 14 季 15 起 16 参 17 産 18 散 19 量 20 料 21 良 22 両 23 漁 24 鏡

25 共 26 競 27 観 28 完 29 管 30 関 31 官 32 感 33 候 34 好 35 功 36 康

本さつ48~49ページ A じゅく語作り①

一 1エ・2オ
二 3イ・4ウ
三 5オ・6ア
四 7ア・8オ
五 9オ・10ウ
六 11オ・12エ
七 13イ・14エ
八 15エ・16オ

九 17イ・18ウ
十 19ア・20ウ
十一 21ウ・22エ
十二 23オ・24イ
十三 25ウ・26オ
十四 27エ・28オ
十五 29ア・30オ
十六 31エ・32ウ

本さつ50~51ページ A じゅく語作り②

一 1エ・2ア
二 3イ・4オ
三 5イ・6ウ
四 7ウ・8エ
五 9ア・10エ
六 11イ・12オ
七 13ウ・14エ
八 15ア・16イ

九 17ウ・18イ
十 19イ・20ウ
十一 21イ・22ア
十二 23エ・24オ
十三 25ア・26オ
十四 27ウ・28エ
十五 29ウ・30オ
十六 31エ・32イ

本さつ 52~53ページ

A 書き取り①

1 笑
2 静
3 残
4 焼
5 借
6 泣
7 梅
8 巣
9 飛
10 然
11 働
12 種
13 祝
14 孫
15 浅
16 億
17 鏡
18 側
19 好
20 積
21 続
22 置
23 浴
24 録
25 昨
26 博
27 塩
28 願
29 冷
30 伝
31 利
32 固
33 折
34 倉
35 極
36 熱
37 菜
38 松
39 包
40 求
41 競
42 照

かい説

9 「飛びかう」は、入りみだれてとぶ。

39 「包みかくさず」は、ひみつにしないでということ。

本さつ 54~55ページ

A 書き取り②

1 卒
2 低
3 束
4 仲
5 必
6 念
7 康
8 巣
9 芽
10 積
11 英
12 旗
13 差
14 児
15 群
16 照
17 焼
18 変
19 栄
20 底
21 輪
22 景
23 冷
24 唱
25 芸
26 固
27 席
28 飯
29 標
30 録
31 的
32 折
33 牧
34 覚
35 節
36 選
37 灯
38 徳
39 満
40 伝
41 街
42 結

かい説

9 「芽ぶく」は、草や木が芽を出す。

21 「大輪」は、花などの輪が大きいこと。

本さつ 56〜57ページ B 読み①

1 しかい
2 きぼう
3 えら
4 わ
5 まんかい
6 せいこう
7 ひや
8 ふくさよう
9 せんそう
10 よ
11 すばこ

12 いちおく
13 ひょうほん
14 あんない
15 げい
16 つら
17 うしな
18 とな
19 お
20 この
21 じっけん
22 しゅざい

23 きょうそう
24 かた
25 なお
26 せっすい
27 なかま
28 つた
29 とくべつ
30 はんせい
31 みんわ
32 ろくが
33 いちりんしゃ
34 か
35 じどう

36 しゅるい
37 ひっし
38 まんてん
39 ゆうき
40 りょうやく
41 えきでん
42 きねん

かい説

8 「副作用」は、薬の主な目的とする働きではない、別の作用のこと。

40 「良薬は口に苦し」は、本当に自分のためになるちゅう告《こく》ほどきびしいものであるというたとえ。

本さつ 58〜59ページ B 読み②

1 ふだ
2 うけつけ
3 へんか
4 むすう
5 きょくげい
6 な
7 しがいち
8 みらい
9 えいよう
10 さくや
11 み

12 そこ
13 ふつう
14 もくひょう
15 きしべ
16 きかん
17 やさい
18 ゆうこう
19 かた
20 こうてん
21 おさ
22 あん

23 そうこ
24 さいご
25 ぞっこう
26 しょうせつ
27 ちゃくりく
28 でんき
29 みんげいひん
30 はか
31 あんせい
32 いふく
33 てきちゅう
34 ひんしゅ
35 なんきょく
36 つ
37 か
38 みんしゅく
39 と
40 たいりょう
41 りよう
42 がいとう

かい説

15 「岸辺」は、岸にそった所。
19 「頭が固い」は、やわらかい考え方ができないこと。
28 「伝記」は、人の一生の業せきを中心にした記録。
31 「安静」は、病人などが、体を動かさずにしずかに落ち着いてすごすこと。

本さつ 60~61ページ

B 読み③

1 やくそく
2 あんしょう
3 や
4 せいしょ
5 ふい
6 さんち
7 しゅげい
8 しょしん
9 のぞ
10 せきはん
11 とどうふけん
12 とうゆ
13 すえ
14 よくしつ
15 あんがい
16 かんせん
17 ぎだい
18 きぐ
19 くろう
20 さべつ
21 えいご
22 しおや
23 くわ
24 あらそ
25 つづ
26 ほっきょく
27 しるし
28 がくげいかい
29 めし
30 ぶんべつ
31 べんり
32 むら
33 は
34 しゅくがかい
35 さんか
36 あいどく
37 どうとく
38 ぎょぎょう
39 きょうつうご
40 けっせき
41 けっか
42 こうろうしゃ

かい説

2 「暗唱」は、文章などを覚えて、口に出して言うこと。
4 「清書」は、下書きした文章を新しくきれいな字でていねいに紙に書くこと。
8 「初心」は、はじめに思い立った気持ちや感じ。

本さつ 62~63ページ

B 音訓読み①

1 ゆうき
2 いさ
3 さんぽ
4 ち
5 えいよう
6 さか
7 こうき
8 はた
9 さんち
10 う
11 しっぱい
12 みうしな
13 がっしょう
14 とな
15 えいよう
16 やしな
17 しあい
18 こころ
19 めんせき
20 つ
21 れんぞく
22 つづ
23 てきちゅう
24 まと
25 れいせい
26 つめ
27 ろうじん
28 お
29 はんせい
30 はぶ
31 しゅるい
32 たね
33 せんえんさつ
34 なふだ
35 いんさつ
36 す

かい説
7 「校旗」は、学校のしょうちょうとして定められた旗のこと。

本さつ 64~65ページ

B 漢字えらび①

1 ア
2 イ
3 イ
4 イ
5 ウ
6 ア
7 イ
8 ウ
9 ウ
10 ウ
11 イ
12 ウ
13 ア
14 ア
15 イ
16 ウ
17 イ
18 ア
19 ア
20 ア
21 ア
22 ア
23 ウ
24 ウ
25 ウ
26 イ
27 イ
28 イ

本さつ 66~67ページ

B 画数①

1 6
2 3
3 4
4 8
5 4
6 2
7 3
8 2
9 7
10 2
11 10
12 4

13	8
14	7
15	6
16	6
17	10
18	11
19	18
20	10
21	7
22	5
23	11
24	8
25	9
26	10
27	8
28	7
29	8
30	9
31	9
32	4
33	12
34	6
35	2
36	3
37	10
38	7
39	10
40	11
41	3
42	5
43	7
44	5
45	7
46	7
47	7
48	5
49	7
50	4
51	8
52	4
53	1
54	5
55	3
56	10
57	13
58	9
59	12
60	8
61	12
62	7
63	14
64	9
65	11
66	12
67	15
68	8
69	11
70	8

本さつ 68~69ページ

B 音読み・訓読み①

1	ア
2	ア
3	ア
4	イ
5	ア
6	イ
7	ア
8	イ
9	ア
10	ア
11	イ
12	ア
13	ア
14	ア
15	ア
16	ア
17	ア
18	ア
19	ア
20	ア
21	ア
22	ア
23	イ
24	ア
25	イ
26	ア
27	ア
28	ア
29	ア
30	ア
31	ア
32	イ
33	ア
34	イ
35	ア
36	イ
37	ア
38	ア
39	ア
40	ア
41	ア
42	ア
43	ア
44	ア
45	ア
46	ア
47	ア
48	ア

本さつ 70~71ページ B

対義語《ぎ》①

1
1 失敗
2 陸上
3 低地
4 勝利
5 分散
2
6 副業
7 連敗
8 固定
9 冷水
10 低音

3
11 文末
12 曲線
13 無色
14 低温
15 労働
16 満室
4
17 無力
18 敗者
19 欠点
20 全治
21 海底
22 静止

本さつ 72~73ページ B

漢字と送りがな①

1 敗れる
2 最も
3 続ける
4 連なる
5 別れる
6 結ぶ
7 省く
8 勇ましい
9 加わる
10 覚ます
11 挙げる
12 残る

13 量る
14 固める
15 満たす
16 治る
17 願う
18 好む
19 低い
20 伝わる
21 笑う
22 飛ばす
23 参る
24 清い

25 望む
26 付ける
27 群がる

28 帯びる
29 香る
30 散らす

本さつ 74~75ページ B

同じ部首の漢字①

ア
1 記念
2 愛犬
3 必要
イ
4 兵隊
5 陸上
6 病院
ウ
7 記録
8 手鏡
9 鉄道
エ
10 固定
11 公園
12 図案
オ
13 泣き声
14 遠浅
15 自治会
16 消化
カ
17 親類
18 念願
19 顔面
キ
20 美声
21 大群
22 水着

ク
23 両側
24 労働
25 便利
26 伝記

ケ
27 城門
28 坂道
29 塩味

コ
30 貨物
31 勝負
32 祝賀

本さつ 76~77ページ B 同じ読みの漢字①

1 貨
2 課
3 加
4 果
5 司
6 死
7 害

8 街
9 底
10 低
11 庭
12 札
13 刷
14 察

15 省
16 清
17 静
18 整
19 給
20 求
21 隊

22 帯
23 説
24 節
25 景
26 径

27 倉
28 争
29 相
30 走
31 想

32 労
33 老
34 英
35 栄
36 泳

本さつ 78~79ページ B じゅく語作り①

一 1 ウ・2 イ
二 3 ウ・4 オ
三 5 イ・6 エ
四 7 イ・8 エ
五 9 オ・10 ア
六 11 エ・12 ウ

七 13 エ・14 オ
八 15 ア・16 エ
九 17 イ・18 オ
十 19 イ・20 ウ
十一 21 エ・22 ア
十二 23 オ・24 イ

十三 25 エ・26 ウ
十四 27 ウ・28 オ

十五 29 オ・30 ウ
十六 31 エ・32 イ

本さつ 80~81ページ B 書き取り①

1 副
2 極
3 説
4 末
5 努
6 輪
7 勇
8 積
9 観

10 議
11 察
12 典
13 祝
14 軍
15 給
16 陸
17 径
18 最

19 衣
20 続
21 辺
22 愛
23 競
24 束
25 必
26 戦
27 選

28 仲
29 功
30 便
31 満
32 望

33 未
34 帯
35 加
36 械
37 飯

38 省
39 材
40 席
41 灯
42 散

かい説

12 「国語辞典」は、多数の日本語の言葉を集めてその意味を解《かい》説している辞典のこと。

本さつ 82~83ページ

B 書き取り②

1 位
2 覚

3 健
4 散

5 信
6 完

7 類
8 戦
9 特
10 陸
11 愛
12 労
13 課
14 輪
15 初
16 菜
17 改
18 勇
19 料
20 便

21 英
22 共
23 司
24 失
25 信
26 焼
27 兆
28 径
29 札
30 満
31 束
32 材
33 辺
34 末

35 参
36 挙
37 臣
38 城
39 府
40 群
41 残

42 芽

かい説

11 「愛用」は、好きでいつも使うこと。

17 「改めて」は、ふたたび新しく行うこと。

22 「共通語」は、ちがう言葉を使っている社会で、全体にわたって通用する言葉。

42 「発芽」は、種などが芽を出すこと。

問題　かい答・かい説

本さつ 84~85ページ

C 読み①

1 いちりん
2 ざんねん
3 しゅうへん
4 えいかいわ
5 ふしぎ
6 でんせつ
7 さ
8 きよ
9 こてい
10 だいざい
11 しっぱい

12 じゅんろ
13 むり
14 ひょうご
15 しょっき
16 ねったいぎょ
17 ねんがん
18 るい
19 かいさつ
20 くべつ
21 けんこく
22 さんどう

23 ろうどう
24 あいよう
25 じゅうよう
26 せんえんさつ
27 きゅうしょく
28 ねっせん
29 なか
30 きこう
31 まんいん
32 くらい
33 こうさ
34 じょうりく
35 ていか

36 ひらい
37 ほうかご
38 さくねん
39 ごうれい
40 ざいもく
41 しょうめい
42 じゅんちょう

かい説

17「念願」は、いつも心にかけてねがうこと。

28「熱戦」は、熱のこもったはげしいたたかい。

36「飛来」は、とんでくること。

本さつ 86~87ページ

C 読み②

1 てつだ
2 せつやく
3 ひょうこう
4 ほうち
5 りょう
6 しんきろく
7 しあい
8 きよ
9 たたか
10 ひつよう
11 なふだ

12 がいこうかん
13 いちぼう
14 よやく
15 かいてい
16 じてん
17 はつ
18 きかい
19 きょうぎ
20 こうぶつ
21 しょくえん
22 すいどうかん

23 いっちょう
24 せき
25 くわ
26 くまで
27 ねっちゅう
28 こうけい
29 たいさ
30 ずあん
31 にっか
32 じょう
33 しか
34 なわ
35 いど
36 ち

37 とち
38 ほうちょう
39 ならく
40 ようなし
41 みちじゅん
42 ちょうせい

かい説

13 「一望」は、ひと目で見わたすこと。
19 「協議」は、集まって相談すること。
39 「奈落」は、地下の世界。地ごくと同じものとみなされる。

本さつ 88~89ページ

C 音訓読み①

1 でんき
2 つた
3 しゅうへん
4 あた
5 かいてい
6 そこ
7 せつめい
8 と
9 ひこうき
10 と
11 すいりょう
12 はか

13 がいとう
14 まちかど
15 けっか
16 は
17 きゅうじん
18 もと
19 かんしん
20 せき
21 せんきょ
22 えら
23 せいこう
24 な

25 ていくう
26 ひく
27 はつが
28 め
29 そうべつかい
30 わか

31 ひつよう
32 かなめ
33 たいぐん
34 む
35 じょうもん
36 しろ

本さつ 90~91ページ

C 同じ読みの漢字①

1 菜
2 最
3 祭
4 標
5 票

6 養
7 要
8 陽
9 積
10 席

11 副
12 福
13 欠
14 結
15 児

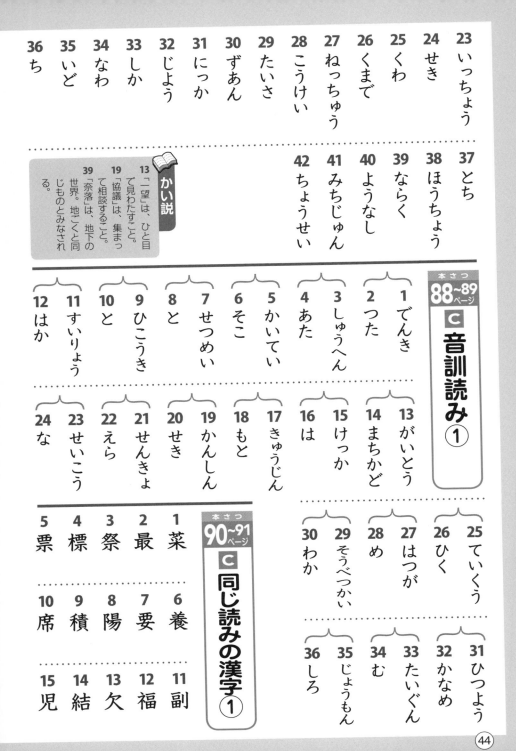

16 事
17 辞
18 持
19 灯
20 投
21 健
22 研

23 信
24 真
25 典
26 転
27 夫
28 府
29 乗

30 城
31 賀
32 画
33 群
34 軍
35 特
36 徳

本さつ 92~93ページ

C 書き取り①

1 塩
2 徒
3 結
4 愛

5 器
6 養
7 競
8 札

9 要
10 昨
11 達
12 印

13 灯
14 標
15 望
16 器
17 候
18 観
19 必
20 参
21 芽
22 巣
23 録
24 類
25 努
26 戦

27 刷
28 札
29 建
30 熱
31 好
32 種
33 包
34 民
35 漁
36 衣
37 令
38 管
39 極
40 伝

41 変
42 連

かい説

4 「愛鳥週間」は、野鳥をかわいがり守ろうとする週間。五月十日からの一週間。

14 「こん虫標本」は、昆虫の研究のためにつかまえた虫をかんそうさせるなどしたもののこと。

本さつ 94~95ページ

C 書き取り②

1 欠
2 笑
3 量
4 器
5 量
6 飛
7 完
8 約
9 管
10 貨
11 議
12 塩

13 清
14 輪
15 産
16 熱
17 候
18 観
19 果
20 置
21 議
22 典
23 争
24 灯

25 議
26 害
27 芸
28 散
29 達
30 差
31 陸
32 芸
33 覚
34 漁
35 初
36 特

37 清
38 隊
39 約
40 照
41 票
42 関

かい説

13「清書」は、きれいに書き直すこと。

26「害虫」は、人に直せつの害をあたえたり作物に害をあたえたりする小動物のこと。

本さつ 96~97ページ

C 書き取り③

1 戦
2 共
3 議
4 争
5 賀
6 底
7 富
8 漁
9 固
10 茨
11 飛
12 民

13 位
14 周
15 材
16 願
17 輪
18 鏡
19 的
20 熊
21 香
22 梅
23 類
24 席

25 然
26 養
27 最
28 輪
29 徒
30 冷
31 候
32 鹿
33 縄
34 連
35 沖
36 刷

37 清
38 梨
39 牧
40 管
41 節
42 帯

かい説

8「漁港」は、加工場などもそなえた、漁業のよりどころとなる港。

15「材木」は、切って、建物を建てたりするための材料の木。

本さつ 100～105ページ

第1回 模擬《もぎ》テスト

(一) 読み

1 えいよう
2 おび
3 しょうめい
4 もっと
5 じてん
6 けっせき
7 ち
8 ふうけい
9 めし
10 てきちゅう
11 かんしん
12 かなら
13 つと
14 あた
15 せいこう
16 きしべ
17 はなたば
18 かんせん
19 ほうちょう
20 と

(二) 音訓読み

1 ゆびわ
2 いちりんしゃ
3 いわ
4 しゅくふく
5 つつ
6 ほうたい
7 あ
8 いっきょ
9 しっぱい
10 やぶ

(三) 同音異義《いぎ》字の選択《たく》

1 ア
2 ウ
3 ア
4 ア
5 ウ
6 ア
7 ウ
8 ア
9 ウ
10 ウ

(四) 筆順と総《そう》画数

1 8
2 8
3 8
4 3
5 4
6 11
7 12
8 13
9 14
10 8

(五) 音読みと訓読み

1 イ
2 ア
3 ア
4 ア
5 イ
6 イ
7 ア
8 ア
9 ア
10 ア

(六) 対義《ぎ》語

1 周
2 卒
3 初
4 満
5 散

(七) 漢字と送りがな

1 省く
2 試みる
3 争い
4 唱えて
5 治まった
6 望み
7 加わる

(八) 同じ部首の漢字

ア 1 極・2 材
3 梅
イ 4 漁・5 満
6 浅・7 清
ウ 8 径・9 徒
10 役

(九) 同じ読みの漢字

1 求
2 給
3 司
4 試
5 積
6 席
7 貨
8 課

(十) 二字じゅく語作り

一 1 オ・2 ア
二 3 ア・4 エ
三 5 オ・6 ア
四 7 イ・8 ウ
五 9 ウ・10 エ

(十一) 書き取り

1 笑
2 折
3 芽
4 冷
5 泣
6 英
7 億
8 差
9 念
10 材
11 包
12 械
13 労
14 省
15 旗
16 辞
17 照
18 熱
19 固
20 残

本さつ 106～111ページ

第2回

模擬《もぎ》テスト

(一) 読み

1 やじるし
2 ちょうせつ
3 ねったいぎょ
4 あいけん
5 お
6 しゅうまつ
7 すえ
8 どりょく
9 かんさつ
10 とな
11 みんわ
12 ろくが
13 はぶ
14 りょうきん
15 あんせい
16 がいとう
17 しんるい
18 しょしん
19 こっき
20 なかなお

(二) 音訓読み

1 かなら
2 ひつよう
3 たば
4 やくそく
5 な
6 さいえん
7 ひこうき
8 と
9 めざ
10 かんかく

(三) 同音異義《いぎ》字の選択《たく》

1 イ
2 ウ
3 イ
4 ウ
5 イ
6 ア
7 ア
8 イ
9 ア
10 ウ

(四) 筆順と総《そう》画数

1 3
2 4
3 5
4 4
5 12
6 20
7 19
8 8
9 14
10 9

(五) 音読みと訓読み

1 イ
2 ア
3 ア
4 イ
5 ア
6 イ
7 ア
8 イ
9 ア
10 ア

(六) 対義《ぎ》語

1 望
2 副
3 争
4 浅
5 泣

(七) 漢字と送りがな

1 養う
2 敗れる
3 帯びる
4 冷たい
5 働く
6 連なって
7 戦う

(八) 同じ部首の漢字

ア 1 康・2 庫
3 府
イ 4 借・5 仲
6 他・7 信
ウ 8 然・9 無
10 熱

(九) 同じ読みの漢字

1 節
2 説
3 量
4 料
5 害
6 街
7 台
8 帯

(十) 二字じゅく語作り

一 1 イ・2 エ
二 3 ウ・4 オ
三 5 ア・6 エ
四 7 イ・8 エ
五 9 エ・10 イ

(土) 書き取り

1 未
2 極
3 参
4 陸
5 芸
6 節
7 博
8 続
9 冷
10 塩
11 側
12 祝
13 機
14 録
15 径
16 副
17 完
18 牧
19 焼
20 積

都道府県名一覧《らん》

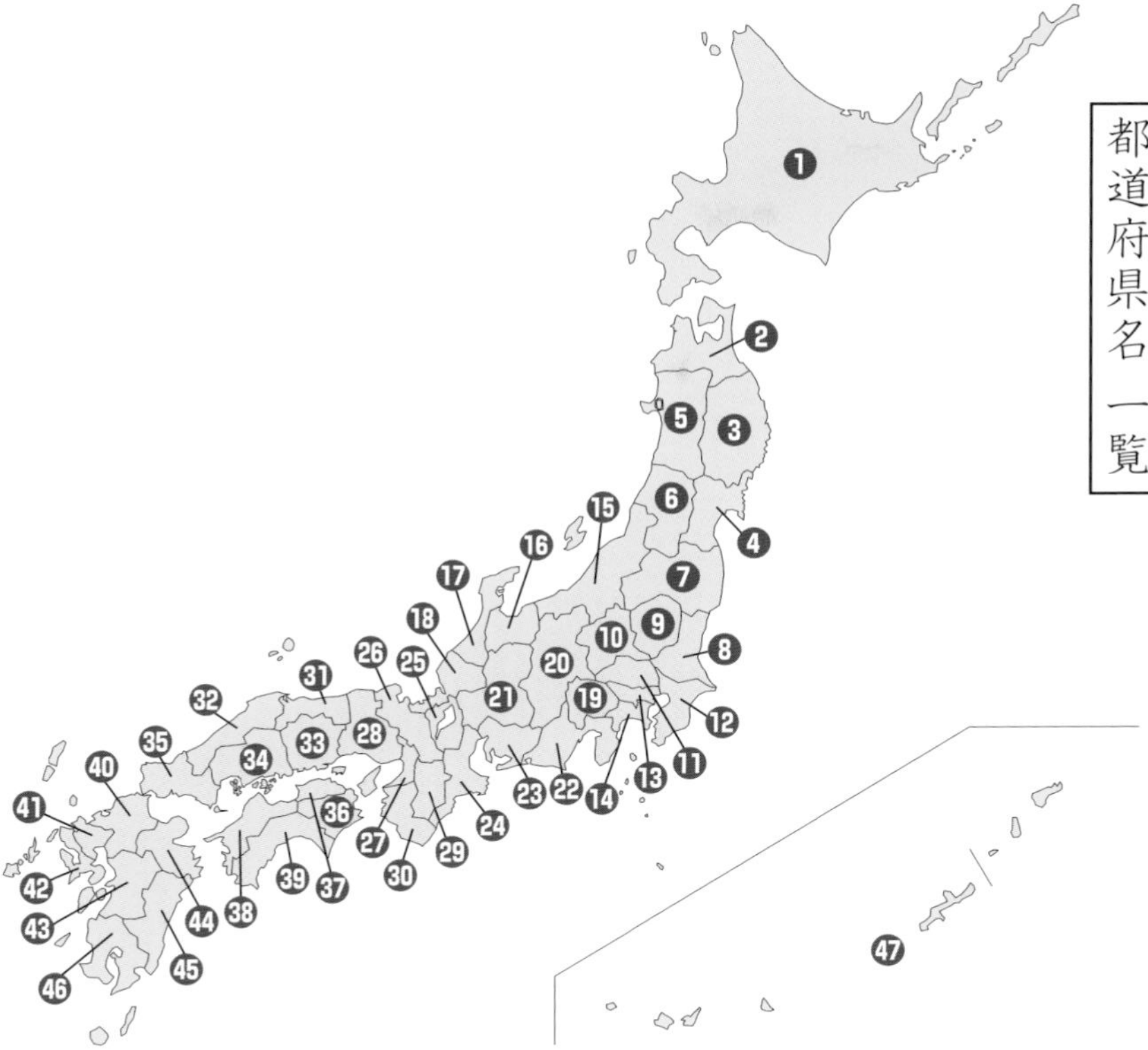

1	2	3	4	5	6	7	8	9	10	11	12	13	14	15	16
北海道《ほっかいどう》	青森《あおもり》県	岩手《いわて》県	宮城《みやぎ》県	秋田《あきた》県	山形《やまがた》県	福島《ふくしま》県	茨城《いばらき》県	栃木《とちぎ》県	群馬《ぐんま》県	埼玉《さいたま》県	千葉《ちば》県	東京都《とうきょうと》	神奈川《かながわ》県	新潟《にいがた》県	富山《とやま》県

17	18	19	20	21	22	23	24	25	26	27	28	29	30	31	32
石川《いしかわ》県	福井《ふくい》県	山梨《やまなし》県	長野《ながの》県	岐阜《ぎふ》県	静岡《しずおか》県	愛知《あいち》県	三重《みえ》県	滋賀《しが》県	京都府《きょうとふ》	大阪府《おおさかふ》	兵庫《ひょうご》県	奈良《なら》県	和歌山《わかやま》県	鳥取《とっとり》県	島根《しまね》県

33	34	35	36	37	38	39	40	41	42	43	44	45	46	47
岡山《おかやま》県	広島《ひろしま》県	山口《やまぐち》県	徳島《とくしま》県	香川《かがわ》県	愛媛《えひめ》県	高知《こうち》県	福岡《ふくおか》県	佐賀《さが》県	長崎《ながさき》県	熊本《くまもと》県	大分《おおいた》県	宮崎《みやざき》県	鹿児島《かごしま》県	沖縄《おきなわ》県

矢印の方向に引くと、取り外せます。→